JN108331

萩中奈穂美

［編著］

対話的な学びで一人一人を育てる

中学校国語授業
2

「走れメロス」の授業

東洋館出版社

シリーズの刊行に当たって

　私たちは，何もないところに向かって言葉を発したりはしない。たとえ相手が目の前にいなくても，私たちは，自分自身も含めた誰かに，何かを伝えたいと願って言葉を発する。そして，その言葉が誰かに届いたとき，受け取った相手はその言葉に応えるためにまた言葉を発する。言葉を発することは，本来，対話的な営みなのである。「対話的な学び」とは，伝えようという意志や聞きたいという思いに支えられた言葉のやり取りの中で，一人一人が自分自身の言葉をつくり出し，言葉の力を育てていく学習のことである。

　しかし，コロナ禍と呼ばれる状況が教室の風景を一変させてしまった。声を出すことははばかられるようになり，議論し，協働し，皆で考えるという，私たちが考えていた「対話的な学び」の姿は教室から消えた。一方で，このような状況だからこそ気付けたこともある。他者と言葉を交わす中で得るものがいかに大きいかということ。「対話」は，単なる情報伝達の手段ではなく，私たちが生きていく上で欠かせない活動だということ。対面することが難しい今だからこそ，「対話的な学び」が切実に求められている。本シリーズの刊行には，そうした願いに応えたいという思いも込められている。

　本シリーズで取り上げた作品は，いずれも中学校の文学教材として確固たる評価を得ているものである。数多くの実践が報告され，批判も含めた分厚い研究が蓄積されてきた。しかし，生徒の生活も，作品の解釈も，学習のための教具も，時代の中で常に移り変わっている。私たちは，先達が残した知見を土台として，生徒が教材と出会い，他者と出会い，言葉を紡ぎ出していく場をつくり出すことに心を砕かなければならない。

　各巻で示した6編の実践のうち，第1実践はオーソドックスな授業展開に基づく実践，第6実践は学習活動の難度に拘泥せずに提案性が高い実践を提示した。これらには，実践報告だけでなく，これから実施することを想定した授業プランの提案も含まれている。

　実践の記述に際しては，具体的な授業の様子が伝わるように，次の点に留意した。

●対話や学び合いが設定できる単元を構想し，「単元の設定」でその特色を示した。

●「評価規準」を観点別に明示するとともに，「評価方法のポイント」として，観点別評価や個人内評価の方法，生徒へのフィードバックの仕方などを挙げた。

●2時間分の「本時の展開」を示し，授業の具体的な姿ができるだけ伝わるようにした。また，「本時展開のポイント」で，授業を実施する際の留意点を解説した。

●「生徒の学びの姿」で，交流の実際や生徒が知識や技能を身に付けていく様子を，エピソードも交えて具体的に示した。

　本シリーズの提案が，先生方が授業を考える一つの入り口になれば幸いである。

令和3年6月

編著者を代表して　幾田　伸司

2
「走れメロス」の授業

教材文の引用には太宰治「走れメロス」,
『国語 2』(令和3年度中学校国語教科書,光村図書出版)を用いた。

I

教材としての「走れメロス」

1
教材としての魅力

(1) 小説「走れメロス」の誕生

「走れメロス」が雑誌『新潮』（その後発刊された初版本とは多少の異同あり）に発表されたのは昭和15（1940）年，東京で予定されていたオリンピックが日中戦争激化のために中止された年だという。作品に「古伝説と，シルレルの詩から」と付記されているとおり，作者太宰治（1909-1948）は，シラー作／小栗孝則訳「人質」（『新編 シラー詩抄』1937年，改造文庫に所収）を素材とし，大まかな話の展開を下地にしつつ構成や登場人物の設定，心情や情景描写等において書き換え，独自の小説に仕上げた。

(2) 国語科教材としての教科書への採録と定番化

本作品が国語科の教科書に掲載されたのは昭和31（1956）年で，その後高等学校や中学3年にも位置付けられながら昭和47（1972）年以降は中学2年の教材として定着する[1]。国語科教材として現在65歳である。また，平成9年度版から令和3年度版まで連続して，全ての出版社が掲載していることから現在30歳代後半までの全員が学んだことになる。各々に授業の思い出と作品への印象を尋ねてみたいものである。

一方で，小学校高学年を中心に道徳（主として「友情」や「信頼」）の読み物資料として簡潔化されたり，中学校国語科教材としても一部省略されたりした経緯をもち，内容の扱い方を含め，批判も少なくなかった。それでも，社会状況や価値観・志向の変化，その中での6回の学習指導要領改訂を潜り抜けてきたのは教材的価値の高さの証である。その意味では，ロングラン教材「走れメロス」は中学生には「古典」のような存在になりつつある。

(3) 陶冶的価値

陶冶的価値（人間形成に関わる価値）としては，友情，信頼，勇気，人間の両面性，理想と現実，克己，誇り高い生き方，自己改革（自己肯定と自己否定の止揚）等が挙げられる。このうち，友情や信頼は道徳で徳目とされていたことから，国語科においては陶冶面自体が避けられるきらいもある。しかし，内容に触れ「人と信じ合いたい」「時に投げやりになってもまた歩き出せる」といった思いをもつのは自然であり，文学的な体験が，結果として人間性を育むことは否定されるべきではないと考える。

ただ，ベテラン教師からは作品を享受する中学生側に変化が見られると聞く。すなわち，以前は走り抜くメロスに純粋に感動する姿があった。そのうちメロスの身勝手さや美し過ぎる結末に反感を抱く生徒も現れた。ところが昨今はしらけた受け止めが増え，この頃は教師の意を汲んで感動したふりをするケースもあるらしい。内面にはガラスのような自信と複雑な悩みを抱えつつ，自分や対象を冷ややかに捉え空気を読みながら過ごす傾向があるという。目の前の生徒の心的な実態とも合わせて，陶冶的価値をどこに置くか，慎重な吟味が必要である。

⑷ 登場人物の造形

①メロスの造形

「単純さ」においては超人的なのかもしれないが，強さと弱さを併せもつ人間らしい人物である。命懸けで王を改心させることよりむしろ，試練（〈悪い夢〉は作者が原典に書き加えた部分である）を通して自身の弱さと向き合い，乗り越えようとした姿に「勇者」としての価値があるのではないか。ただ，メロスの人物像は一点に収束できない。〈悪い夢〉を魔が差したとするか，彼の一面とするか，本性とするか。信念を貫く人物とするか，状況のままに生きる人物とするか。言えるのはメロス自身の自己認識が「陶酔」から徐々に「俯瞰」へと変わることである。

②王の造形

〈邪知暴虐〉〈暴君〉などの語句からメロスと対照的な構図を成す〈悪徳者〉のようだが，それはメロスの目を通した姿に過ぎず，王の側に立てば不信に陥ってしまっている傷だらけの人物である。一点の曇りなく人を信じたために裏切りへの悲観も大きかったと想像できる。王にも二面性があるようだ。山賊を送ったとすれば，逃がした小鳥であるメロスを信じたことになるがどうなのか，改心の理由は何か，そもそも本当に改心したのか。顔の色の変化（蒼白→赤）は何を象徴するのか。その解釈を議論させたい。

③セリヌンティウスの造形

直接の描写がほとんどなく「空所」で生きる人物だからこそ，扱い次第で新しい授業が構想できそうである。導入部や結末部では王と対峙するメロス側にいる，中間部では待たせる「メロス」に対し，待つ身（待たせられる身）として対照的位置にいる。また，一連の事件を起こし顛末を握るメロスが「動」なら，身勝手な依頼に「無言でうなず」き，刑場でも強い信念で動じない彼（フィロストラトスの語り）は一貫して「静」である。その「静」こそが最終的にメロスを突き「動」かしたのである。

④フィロストラトスの造形

風と共に突如現れる。刑場の様子をレポートし，走るのをやめるようメロスに懇願するがついには伴走する。彼の真意はどこにあるのか，またなぜこのタイミングに現れたのか。なお，「人質」ではメロス側の人物だが，本作品ではセリヌンティウスの弟子として設定されている。同じ言葉を発しても立場が違えばその意味合いは大きく変わってくる。

⑤群衆や少女の造形

最後の場面で刑場に集まった群衆は，メロスの到着にどよめき，2人の抱擁に〈歔欷の声〉を発し，王に〈「万歳，王様万歳」〉と歓声を上げる。彼らはなぜそうするのか。群衆とこの場面設定が，読者の読みをどう左右しているのか。少女についてはどうか。

⑸ 内容的対比

本作品には，例えば次のような内容的な対比を見いだすことができる。

信／疑　生／死　愛／憎　正義／悪徳　精神／身体　待つ／待たせる　濁／清 静／動　自己肯定／自己否定　他者受容／他者非難	

⑹ 視点と人称語

　視点としては観察的に「外の目」で描きつつ，語り手がメロスと一体化していく部分が随所に認められる。例えば，メロスは自身の呼称を〈メロス〉〈真の勇者〉（三人称），〈お前〉（二人称），〈私〉（一人称）と変えていく。読者もつられてメロスの内面に誘い込まれ，共感する仕掛けになっている。また，前半には王の視点で語られている箇所もある。

　人物描写については視点を確かめ，自分は今どの視点で何を想像しているのかを自覚させることが重要である。また，例えば同じメロスも，なり切って「私」として，セリヌンティウスや王の目から「あなた」として，作者の「造形」として，読者が楽しむ「虚構」としてのメロス等，視点を変えることで多角的に味わうことを経験させたい。他の登場人物についても同じである。

⑺ 明快で劇的な展開

　教材としては長文だが，スピード感があり劇的に展開する。時間経過〈3日目の日暮れ〉と場所移動（刑場への到着）が命を左右するという内容であるため，時と場所に着目した展開の整理は必須である。明快な「起承転結」ともいえるが，設ける観点によってまとめ方は複数あり得る。次に示すのは展開の捉えの一例である。

　《発端》①強烈な語り出し〈メロスは激怒した。〉が，「何事？」「メロスって誰？」と読者を一気に作品に引き込む。人物や場面の説明は後出しである。漢語を多用した短文のたたみかけも効果的である。よくある語り出しと比べさせたい。②セリヌンティウスを人質にして処刑の猶予を申し出る場面である。身勝手さを非難する生徒も多い。

　《展開》①村での結婚式の場面である。〈ぽつりぽつり〉降り出す雨も，婿に兄を誇れと言い切ることも，次への伏線となっている。②濁流，山賊，疲労困憊に襲われる場面である。とりわけ〈悪い夢〉の描写は重要である。例えば下の「書き込みシート」[2]のように，それぞれの試練に当てた分量を可視化したり，叙述と対応させてメロスの意気込みを曲線で表したりして，各試練の意味を考えさせたい。③清水で回生，フィロストラトスと王城に向かう場面である。沈みゆく太陽と対照的に描かれる思いの高まりだけでなく，その思いが自分主体から相手主体へと質的に変化を遂げることにも気付かせたい。役割朗読や劇

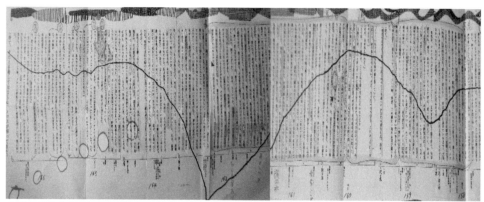

試練を乗り越える場面の「書き込みシート」の例

化も有効である。

　《終末》①王の眼前で友と抱擁する場面である。王の言葉と群衆の万歳で一件落着する。②語り終わり〈勇者はひどく赤面した。〉もまた印象的で，張りつめた展開に「オチ」のごとき弛緩と安堵をもたらす。〈「万歳，王様万歳。」〉で閉じることもできたはずである（実際に，〈一人の少女が〉以降がカットされた時期がある）。では，少女にマントを捧げられ，メロスが赤面する場面はどう捉え，どう意味付けられるか[3]。

⑻ 豊かな語彙

　「走れメロス」は個々の語句を関係する語句をつないで語彙として捉える読み方をするには恰好の教材である。次に様々な観点で取り出した語彙を例示する。

心情語彙（〜心情や表情の細やかな解釈に生かせる語句）
笑……〈憫笑〉〈嘲笑〉〈ほくそ笑む〉〈せせら笑う〉〈笑われる〉〈微笑む〉 泣……〈男泣き〉〈悔し泣き〉〈涙を浮かべる〉〈嬉し泣き〉〈すすり泣き〉 怒……〈激怒〉〈いきり立つ〉〈反駁する〉〈地団駄踏む〉〈叱る〉
移動に関する動詞（〜心情の変化の解釈に生かす語句）[4] ①積極的な姿勢を表す語……〈走る〉〈急ぐ〉〈駆け降りる〉〈駆け抜ける〉〈歩く〉〈歩き出す〉〈間に合う〉〈出発する〉〈帰る〉〈行く〉〈着く〉〈出かける〉 ②消極的な姿勢を表す語……〈逃げる〉〈立ち止まる〉〈遅れる〉〈とどまる〉〈寝過ごす〉
抽象的な概念語（〜分かったつもりにならず文脈上での意味を考えさせたい語句） 愛，誠，信実，勇者，正義，正直，平和，忠誠，名誉，義務遂行

⑼ 誇張された比喩や表現

　下記のような表現は，メロスを「勇者」として印象付ける。これについては「メロスが次々障害を突破してゆく」場面に「作者はわざとユーモラスな表情を付け加え」ているとし，「あまりにメロスを勇者にしすぎたために，こうした含蓄も必要だったのだろう」[5]という解釈もある。本作品は，戯画や戯曲やメルヘンと評されることもあるようだが，こうした文学的な表現を「かっこよすぎる」朗読で楽しんでみてもよい。

〈百匹の大蛇のように〉〈獅子奮迅〉〈飛鳥のごとく〉〈口からは血が噴き出た〉〈神々も照覧あれ〉〈真紅の心臓〉〈愛と信実の血液〉〈かじりついた〉等

⑽ 情景描写や象徴性

　情景描写（〈満天の星〉〈黒雲が空を覆い〉〈夕日を受けきらきら光っている〉等）が豊かで，天候や風景を描きながら人物の心情や先の展開を暗示している。また，〈濁流〉や〈清水〉は物質的な清濁だけではなく〈口では，どんな清らかなことでも言える〉のように気持ちの清濁をも表している。また，羊飼いも〈石工〉も彼らの人物像と重なる気がしてならない。更に本作品全体を包む色彩の象徴性であるが，生徒に問うと十中八九「赤」だと答える。真っ赤な嘘，赤裸々，赤信号，赤の他人，赤っ恥等，「赤」を含む他の言葉を想起し関連させて解釈することを楽しんでもよい。

象徴や暗示への理解を促し得る「赤」に関する作品中の言葉
　愛，誠，信実，血液，真紅，心臓，赤面，太陽，灼熱，燃える，激怒，緋のマント
参考「赤」の字義（『廣漢和辞典』大修館書店 1982 による）
①あか　②赤い　③はだか，むきだし　④むなしい　⑤ほろぼす　⑥まこと，まごころ
⑦うかがう，ものみ　⑧はらう　⑨共産主義

⑾ 文体や調子

　王城に向かう場面を中心に，動詞「走る」（「走った」「走るのだ」）が 24 回，複合動詞（「駆け抜ける」「飛び越える」「蹴跳ばす」「かき分ける」）も多用され，躍動感やスピード感を与えている。これが「止まる」場面と対照的で効果を生んでいる。また，繰り返し（〈あれは夢だ。悪い夢だ。〉）や七五調（〈私は今宵殺される。殺されるために走るのだ〉）のテンポのよさも合わせて，ある程度の速さで音読することで感じ取らせたい。漢語的な表現（〈獅子奮迅〉〈邪知暴虐〉），文語的な表現（〈やんぬるかな〉〈死ぬる覚悟〉〈ままならぬこと〉），詠嘆表現（〈ああ〉）も多い。更に，読点の打ち方も独特である。実際に音読してみて効果を考えさせたい。

　ここまでいくつか取り上げてきたように「走れメロス」の表現方法は実に巧みでこれが「教材の魅力」である。中西（1997）[6]は，夏目漱石の言を引きながら「表現技法（技法），つまり表現の技術なしには，『内容』も成り立たず，『文学』もまた存在しえない」，「文学的『内容』は，」「『形式』的な美とも深くかかわるとともに，各種の表現方法を含むものと知ることができる」と述べている。本作品の「形式的な美」を，内容を読む手がかりにするだけでなく，それ自体を丸ごと魅力として読ませ，味わわせる授業を創りたいものである。

2
授業づくりのポイント

　授業づくりは教材の特性と不即不離の関係にあるため，先の「1　教材としての魅力」において適宜提案してきたが，改めてポイントを整理したい。

⑴ 学習目標の設定

　「走れメロス」の授業の学習目標は，例えば以下のように様々に設定することができる（末尾の記号は平成 29 年版「中学校学習指導要領」の指導事項を示す）。

　まず，〔思考力，判断力，表現力等〕C 読むことに関する学習目標である。

●時や場の推移，登場人物の言動などに着目して場面を整理し，話の展開を捉える。ア

●メロスに降りかかる試練を話の展開の中に位置付け，心情の変化を捉える。ア

●登場人物（主要な人物以外も）の設定の仕方について話全体を踏まえて捉える。ア

●登場人物の関係と人物像をその言動の描写から解釈する。イ

●太陽や天候などの情景描写とメロスの心情描写を整理し関連付けて捉える。イ

●シラーの「人質」などと比較読みをし，作者の意図や表現の効果を考える。エ

●自分が作品に見いだしたテーマについて，経験や見聞を基に考えをまとめる。**オ**

また，〔知識及び技能〕についても次のような指導が可能である。

●メロスや王など登場人物の心情語彙の整理を登場人物の心情の読み取りに生かす。(1)**エ**

●多義的な意味をもつ語句に着目して，暗示的・象徴的な効果を考える。(1)**エ**

●文学作品における抽象的な概念を表す語句の量を増す。(1)**エ**

●人称語の働きを理解し，人物の考えや心情を読み取るために生かす。(1)**エ**

●複合語，擬態語，比喩に着目し，表す内容とその効果を捉える。(1)**エ**

●漢語と和語を相互に書き換えをするなどして，語感の違いを感じ取る。(1)**エ**

●自分の解釈とその根拠となる叙述との関係を理解する。(2)**ア**

●登場人物の相関関係を的確に捉えて，その関係を図で表す。(2)**イ**

●近代文学の魅力に気付き，積極的に読み，作品に対する感想をもつ。(3)**エ**

●文章の中の様々な立場や考えに触れて，自分の考えを広げたり深めたりする。(3)**エ**

こうした多様な可能性から，目の前の生徒にどのような力を付けるのか，年間指導計画，学習課題や言語活動との整合性を勘案して適切に判断することが求められる。

⑵ 授業構想に際しての留意点
①文学を読むときに必要な技能を身に付けさせる指導を確実に行う

文学作品に感想をもったり鑑賞や批評をしたりするには基本的な技能が必要である。例えば，あらすじをまとめる，出来事を整理し話の展開を捉える，人称語や文末に着目して語り手の視点を捉える，人物の心情や人物像，相関関係をつかむ，情景描写や象徴を読み解く，伏線やレトリック等巧みな表現とその効果に気付くなどである。本教材ではいずれも指導可能であるため，個々の実態に合わせて重点的に指導し，確実に習得させたい。

②正しい理解，妥当な解釈，自由な鑑賞を区別して指導する

叙述の読解（理解の正誤，解釈の適否あるいは妥当性）と鑑賞（美醜，好悪等の価値判断）とを生徒にも区別させたい。ポイントは何を根拠とするかである。叙述はもちろん，経験や見聞，更に本作品では作者に関して得た情報に基づくこともあろう。自分だけでなく他者の読みについても根拠を常に問い，明確にしながら考える意識をもたせたい。

③作品世界に浸り感性的に味わう読みと理性的に分析，批評する読みとを両立させる

途中「悪い夢」を見るメロスを，勇者からの脱落だと評することはできても，濁流をかき分けるときの力み具合，灼熱の日差しに照り付けられた肌やのどの渇きを想像できない生徒がいる。つまり言葉に対して理性は働くが，感性が働かない生徒である。昨今盛んになってきた，作品や登場人物を分析的に読むことも重要だが，一方で，みずみずしい感性を育むべき中学生に，想像力で登場人物になり切り感じるような主観的な読みを促すことも必要である。言語によって他者の痛みを我がことのように感じることも，「言葉による見方・考え方」の一つである。

⑶ 取り入れてみたい言語活動

「走れメロス」の場合，疑問から課題を設定しやすく，課題解決的に取り組まれること

が多い。そのプロセスを生かしながら次のような学習活動を提案したい。

①音読や朗読を適宜行う

　時間的制約もあって目でばかり読む傾向があるが，声にして耳でも読ませることで直感的な想像も広がりやすい。音声にして初めて見落としていた表現を意識したり解釈を確かめたり，1⑪に挙げたような作品の魅力に気付いたり味わったりすることもできる。

②登場人物になり切って想像した内容を一人称で表現する

　字面ではなく，想像力による五感を働かせ作品世界に浸る読みを促す活動である。⑵③で述べた内容と関わる。登場人物の心中を一人称で書き込んだり，演劇的な表現に取り組んだりして，登場人物の状況や言動を追体験させたい。例えば，王城に入り込むときの足音，王の声質，濁流の匂い，清水の温度，足裏で感じる小石混じりの乾いた地面，磔台の高さ，群衆の息づかい等，教師が問いかけなければ想像しないままなのではないか。

③創作やリライトをする

　長く書かずとも部分的に書かせることもできる。例えば，描かれていない「空所」（日没直前の王の言動，メロスを待つセリヌンティウスの心中等）の描写，別の人物の視点で既存場面の描き換え，冒頭部分の漢語を和語に変換，受身表現の主語を変換，語順の入れ換え，類義語への置き換え等をしてみることで，新たな捉えや表現の価値・効果の発見につながる。また，外国語科との連携も求められている。英訳された「走れメロス」と一部を比較し，国語の特質に気付かせながら味わいを確かめることもできる。

1）幸田国広（2015）「『走れメロス』教材史における定番化初期の検討―道徳教育と読解指導に着目して―」『読書科学』56巻2号，pp.65-74
2）萩中奈穂美（2014）「描写の工夫や意図，またその効果を読み解く」国語教育実践理論研究会『〈書く〉で学びを育てる』東洋館出版社，p.44-50
3）鈴木昌弘（2020）『メロスはなぜ少女に赤面するのか―「テクスト分析」でつくる文学の授業―』三省堂が参考になる。
4）杉浦邦夫（1991）「走れメロス」甲斐睦朗編『語句に着目した読み方指導4　文学教材中学校』明治図書出版，pp.68-98
5）佐藤善也（1967）「走れメロス」（『国文学』昭和42年12月）山内祥史編（2001）『太宰治「走れメロス」作品論集　近代文学作品論集成8』クレス出版に所収
6）中西一弘（1997）『文学言語を読む　2巻　「やまなし」・「少年の日の思い出」他―表現技法からのアプローチ―』明治図書出版，p.227

〔参考文献〕
・西郷竹彦監修，山中幸三郎著（1993）『文芸研・教材研究ハンドブック中学校3　太宰治＝走れメロス』明治図書出版
・浜本純逸監修，田中宏幸・坂口京子編著（2010）『文学の授業づくりハンドブック―授業実践史をふまえて―　第4巻（中・高等学校編）』溪水社
・光村図書「国語教育相談室中学校」NO.73（通巻156号）2014年1月　特集「走れメロス」―その魅力を探る―

〈萩中　奈穂美〉

「走れメロス」
の授業展開

メロスの人物像の変化を楽しもう
～音読活動を取り入れて読む～

1 単元の目標

●メロスの性格や心情，態度等を表す適切な語句を調べたり考えたりして，語彙を豊かにすることができる。
〔知識及び技能〕(1)エ
●メロスの考えや心情の変化を場面展開や言動の描写を基に読み取ることができる。
〔思考力，判断力，表現力〕C(1)ア
●文章を丁寧に読んだり他の人の考えを聞いたりして，叙述を根拠にメロスの人物像をつくり上げようとする。
〔学びに向かう力，人間性等〕

2 単元の設定

(1) 単元設定の理由

　本単元ではメロスに焦点を当て，人物像や場面展開を押さえながら，叙述に基づいて心情の変化を的確に読み取り，自分にとってのメロス像をまとめていく。その際には，挫折したり怒りを感じたりした自身の経験や人間に対する考え方等と結び付けるようにしたい。

　邪悪を許さず，命を懸けて王に挑んでいくメロスの姿は，勇敢で魅力的な人物として捉えられる。一方で，唯一無二の友を勝手に身代わりにしたり，途中で挫け，自己を正当化したりする身勝手な姿に反感を覚える生徒もいる。このようにメロスの人物像は読み手の様々な視点からつくり上げることができる。各場面におけるメロスの言動をどう読み取り，どのような人物だと解釈したか生徒に問いかけながら，メロスの人物像に対する考えをもたせていく。

　様々な困難を克服し自身の弱さに打ち勝つ展開の中でメロスの人物像は大きく変化していく。メロスが命がけで走る目的も王の不信を打ち破ることから「もっと恐ろしく大きいもの」のためへと変わっていく。小説の中に見られるメロスの心情の変化を他の登場人物との関わりや話の展開から捉え，メロスに対する自分の考えをまとめさせたい。

　また，本作品は文の短さや表現技法，用いられている語句選びの巧みさによって登場人物の心情やその場の状況が見事に描かれている。こうした特性を生かし，積極的に音読活動を取り入れた。「目」だけではなく「耳」でも味わったり，読み取った内容を朗読して表現させたりしたい。

⑵ 単元展開の特色

　各場面のメロスの人間像を丁寧に読み取り，それらを一連のものとして捉え直すという流れで展開する。メロスと他の登場人物との関係性や，時々のメロスの心情を的確に把握した上，最終的に小説全体を考えることで，メロスが変わることなく抱き続けている思いや，その時々の変化する心情がはっきりと見えてくると考える。

　本単元では，以下の五つの場面に分けてメロスの人物像の変化を捉える（以後本稿では，「㊀」は一場面を表すこととする）。

● ㊀　王に激怒し，セリヌンティウスを人質に約束するメロス
● ㊁　村に帰り，妹の結婚式を挙げるメロス
● ㊂　故郷への未練，濁流，山賊，自身の疲労困憊等，数々の試練を乗り越えるメロス
● ㊃　復活し，死力を尽くしながら刑場へと走るメロス
● ㊄　王の前でセリヌンティウスと抱擁するメロス

　なお，小説の言葉選びの巧みさを生徒に味わわせるために，授業の導入時に内容を確認することに加え，展開や振り返りにも音読活動を取り入れていく。展開では，メロスの心の機微を捉えた表現を音読することで，心情を豊かに感じ取り本文理解に生かしていきたい。振り返り時には，場面全体を音読し直すことで，授業で取り上げた叙述が場面の中でどのような効果を示しているか再確認させたい。

　授業のまとめでは，メロスの人物像をよく表している表現を選び，朗読する活動を行う。優れた描写や巧みな表現によってメロスの人物像が効果的に描かれていることを感じ取らせたい。また，自分が思い描いた人物像がよく表現できるような朗読の工夫を考えさせたい。

3 評価

⑴ 評価規準

知識・技能	思考・判断・表現	主体的に学習に取り組む態度
①類語等の意味やニュアンスの違いを読み取りに生かしている。 ②場面の中で，心情を表す語句や抽象的な語句の意味を捉えている。	①場面の展開と登場人物の言動の描写を基に，人物像を捉えている。 ②読み取った人物像について，自分の経験と重ねながら考えをまとめている。	①他の人と自分の考えを比べながら聞き，考えを深めようとしている。 ②粘り強く丁寧に叙述を読み，本文に根拠を見いだしながら考えを述べようとしている。

⑵ 評価方法のポイント

● 類語等の意味やニュアンスを生かしながら読んでいるかについて，第3時で㊀，㊁のメロスの言動から人物像を読み取り本文に書き込む際や，第7時の朗読する姿を通して評価する。

● 第5時の「もっと恐ろしく大きいもの」「訳のわからぬ大きな力」等が何を指示してい

るのかについて書いた考えを基に，心情を表す語句や，抽象的な語句を捉えているかどうかを評価する。また，同時に本文を何度も読みながら根拠となる具体的な叙述を探し出そうとする様子を見取り，主体的に学習に取り組む態度を評価する。

●メロスの人物像についての考えを各場面で最後にまとめて書かせる際に，他の人の考えを聞いて，自分の考えを深めているかどうかを評価する。自分になかった考えや，他の人の考えへの反論等，自分の考えの深化を書くように指導する。

●主体的に学習に取り組む態度について，授業の中で本文を何度も読み直して考えようとしているか，また考えを書く際に叙述を基に考えようとしているか評価する。

4 単元の指導計画（全7時間）

時	学習内容	学習活動	評価規準
1 2	●「走れメロス」を通読し，大まかな話の流れをつかむ。 ●メロスの人物像に対して感想をもつ。 ●第1時の考えを交流し，メロスの捉え方の違いを自覚する。 ●「走れメロス」の構成を捉える。	①「走れメロス」を通読する。地の文は指導者，会話文は生徒が読む。 ②メロスの人物像について初めの印象を書く。 ③全体で考えを交流する。 ④登場人物を確認する。 ⑤登場人物，時間，場所の推移に注目して，場面を五つに分ける。	★興味をもって作品を読もうとしている。 態② ★人物，場所，時間に注目して場面を捉えている。 思①
3 4	●人物像を表す叙述を読み取り，□，□におけるメロスの人物像のイメージをもつ。 ●□におけるメロスの人物像を「悪い夢」の部分より読み取る。 ●「悪い夢」を見ているメロスについて考えをもつ。	⑥□，□を音読する。 ⑦メロスの人物像が分かる叙述に傍線を引き，読み取った心情や人物像を書き込む。 ⑧グループで考えを交流する。自分にはなかった考えで納得したものは書き加える。 ⑨□，□のメロスの人物像をまとめる。 ⑩□を音読する。 ⑪「悪い夢」を見るメロスを適切に表す言葉を書き出す。 ⑫□のメロスについて考えを書く。 ⑬グループで考えを交流した後，再度自分の考えをま	★他の人の考えを参考にしながら深めようとしている。 態① ★メロスの人物像を的確に捉えている。 知② ★□，□のメロスの様子や自分の経験を基に考えをもち，表している。 思②

	学習活動		評価（方法）

5	●四におけるメロスの言葉から，メロスの心情の変化を捉える。	とめる。⑭メロスとフィロストラトスとの会話の場面を音読する。⑮「もっと恐ろしく大きいもの」とは何かについて考えを書く。⑯全体で考えを交流した後，再度自分の考えをまとめる。	★叙述を根拠に交流し，自分の考えをもっている。思①
6	●全体を通してメロスの人物像を捉え直す。	⑰初読の感想を現在の考えと比較しながら読み直し，自分が考えるメロスの人物像をまとめる。	★自分の考えの変化に気付いている。思② ★これまでに読み取ったことを踏まえてメロスの人物像を総括して書いている。思②
7	●単元での学びを生かしてメロスの人物像を表す優れた表現を探し，朗読で味わう。	⑱第6時で自分が考えたメロスの人物像をよく表している表現を選ぶ。⑲朗読をし，その表現の優れている点を発表し合う。	★語句独自の意味やニュアンスの違いを朗読に生かし，表現のすばらしさを味わっている。知① ★メロスの人物像が伝わるように朗読しようとしている。態②

5 本時の展開①〔第5時〕

(1) 本時の目標

●前半場面から四にかけてメロスの心情がどのように変化したのか具体的に説明しながら，「もっと恐ろしく大きいもの」について，メロスとフィロストラトスとの会話を基に自分の考えを書くことができる。

(2) 本時の指導案

学習活動	指導上の留意点	評価（方法）
導入 （10分）本時の学習内容を確認する。		
①四を音読する。 ②フィロストラトスとの会話を再度音読し，「もっと恐ろしく大きいもの」について疑問をもつ。	●四を音読し，場面の内容をつかむ。 ●生徒がメロス，教師がフィロストラトスを音読，交代することで，どの登場人物が発した言葉かよく意識させる。	★対象とする叙述について課題意識を明確にしようとしている。態②（観察）

展開 （30分）「もっと恐ろしく大きいもの」……一体メロスは何のために走っているのだろう。

③考えを書く。	●考えの根拠となり得る叙述が分かるようにする。	★本文の叙述に基づいて考えを書いている。思① （ノート）
④全体で考えを交流する。	●抽象的な表現を書いている生徒には，詳しく説明をするよう求める。	
＊予想される考え 　信じられている思いを裏切ることだと思った。セリヌンティウスがメロスを信じている思いに応えるためには，走るしかない。ここで諦めることは友だけではなく，王や群衆を含めた世の中の信頼を裏切ることに等しいと考えたのではないか。	●四のメロスが発する言葉の変化や矛盾に着目する。 ●セリヌンティウスが疑わずに待ってくれていることを知ったメロスの思いに注目する。 ●回復直後の叙述（「義務遂行」や「正義の士として死ぬ」等）から引用して考えた生徒には，メロスの台詞の「恐ろしさ」や「大きい」についてどう考えるか問い，再考させる。	★他の人の考えを聞いて，自分の考えを広げようとしている。態① （観察）

まとめ （10分）「もっと恐ろしく大きいもの」とは何か，再度自分の考えを書く。

⑤自分の解釈が妥当かペアで確認し合う。	●今の考えと根拠をペアで述べた後，どのくらい納得できたか，相手に伝える。	★他の人の考えを取り入れ，根拠を明確にして考えをもっている。思① （ノート）
⑥考えを書く。	●アドバイスを受け，相手が納得できるように書き直す。	

⑶ 本時展開のポイント

①概念的な言葉を文脈に即して具体的に解釈する

　四は，メロスが三で自身に生まれた心の迷いや葛藤を打ち消そうと，頭に浮かぶ考えを語っている場面である。「もっと恐ろしく大きいもの」を考える上で，この心情の移り変わりを正しく捉えていかなくてはならない。そのためには叙述の中から見付けたキーワードが何を指し示しているのか解釈する必要がある。「『もっと恐ろしく大きいもの』は愛や正義，信実であり，メロスはそれを守るために走っている」ということのみを書いている生徒には，「愛や正義」「信実」のような概念的な語句が何のために，誰に対する，どのような思いであるのか等を説明するよう指導する。文脈に即して，具体的に解釈して説明させたい。

②旅人のうわさやフィロストラトスとの会話に注目する

　四でメロスは再び走り出す決意をする。四の中でメロスが走る理由は「義務遂行」，「名誉」のため，正直な男のままで死にたい，「愛と誠の力」を見せるため，「信じられている

16

から」、「もっと恐ろしく大きいもの」のため，と目まぐるしく変化する。四の最初は自分のために走っているのかとも感じられるが，徐々にセリヌンティウスのためへ，そして人命を超えた尊いもののために走る姿へと大きく変わっていく。そこで，この変化の途中に旅人やフィロストラトスとの会話が挟まれていることに注目させたい。旅人はセリヌンティウスが助からないかもしれないということ，フィロストラトスはセリヌンティウスが強い信念をもってメロスを待ち続けていたことをメロスに伝えている。その情報が与えられたことによって，何よりも尊い友の信頼の心に報いなければならないとメロスに考えさせたことを読み取らせ，「もっと恐ろしく大きいもの」への理解へとつなげたい。

③ペアの考えを評価する

　振り返り時に，「もっと恐ろしく大きいもの」が何かについて授業を通して形成した考えをペアで述べ合い，根拠の明確さによる納得度を％で表して伝える。述べられた考えにメロスが感じている「恐ろしさ」や「大きさ」についての考えや，他の登場人物との会話，メロスの走る目的の変化等，根拠が組み込まれているかどうかを判断させる。例えば「80％」と感じた場合，根拠として弱かった部分等の改善点を相手にアドバイスし，より納得できる説明を目指す。

6　本時の展開②〔第7時〕

⑴ 本時の目標

●メロスの人物像が見事に表れていると思う部分を選ぶことができる。

●メロスの人物像を表すように声に工夫をしながら朗読することができる。

⑵ 本時の指導案

学習活動	指導上の留意点	評価（方法）
導入 （10分）学習課題を確認する。		
①冒頭の「メロスは激怒した」を用い，朗読の練習を行う。	●冒頭で激怒したメロスの思いを読み取る。 ●表現するためのポイント（アクセント，声の抑揚，強調，区切り，発音・発声の仕方，声の大小，速度等）を黒板に示す。 ●速さや声の大きさで勢いを表現しなければ，漢語や文の短さで怒りを表現している工夫が生きてこないことを確認する。	★メロスの心情を踏まえ，工夫して朗読しようとしている。 態② （観察）
②小説全体を振り返り，メロスの人物像を表すのにふさわしい場面を選ぶ。	●本時では四から選ばせる。 ●メロスの人物像がよく表れている優れた表現を朗読で味わう意識をもたせる。 ●第6時の学習を振り返らせる。	

| | | ●□で確認した人物像から変化を遂げたことも含めて表れているのは四だという考えを取り上げる。 |

展開 （30分）メロスの人物像がよく表れている部分を，表現の工夫を生かし，生き生きと伝わるように朗読する。

| ③四からメロスの人物像をよく表している表現を選ぶ。
④朗読の練習をする。

⑤グループで朗読を聞き合い，感想を述べ合う。 | ●表現技法や言葉の流れ等の工夫を捉えて選んでいる生徒を取り上げる。

●録音を聞き，自分の朗読を確認する。
●可能であれば，広い場所で朗読させる。
●朗読するときは起立する。
●「朗読→感想→もう一度朗読」の流れで発表を進める。2回目の朗読では，感想を更に生かして朗読したり，意識して聞いたりする。
●朗読を聞くポイント：朗読から何が伝わってきたか。どうしてよく伝わってきたと感じたのか。 | ★メロスの人物像がより伝わるように朗読しようとしている。
態②（観察，録音） |

まとめ （10分）表現の優れている点を発表し合う。

| ⑥優れた朗読を全体で共有する。

⑦本時の学びを書く。 | ●他の人の朗読のすばらしかった点を発表する。
●朗読してもらい，表現を味わう。
●優れた朗読者の工夫を生かして全員でその部分を朗読する。 | ★語句独自の意味やニュアンスの違いを朗読に生かし，表現のすばらしさを味わっている。**知①**（ワークシート） |

⑶ 本時展開のポイント

①朗読する部分を自分で選ぶ

　メロスの自己像が新たに生まれ変わった四から，メロスの人物像を表すのに適している部分を生徒に選ばせる。自分の理解したメロス像に近い表現を選ぶ，読む練習をする途中で場面を選び直す，よりメロスの人物像を表している部分に選び直す等，様々な選び方を認め朗読への主体性を大切にする。

　朗読の部分を選ばせる際に，メロスの人物像についてまとめさせた第6時の学習を参照させたい。冒頭には自分の強さを信じて疑わなかったメロスであったが，様々な困難に遭遇することで，今まで知らなかった自身の弱さを認め，何よりも崇高な信じる心に気付いていく。学習を踏まえて，変化したメロスの人物像が見事に表れている部分を選択させたい。四では反復や文の短さ，強い語調，日が沈む情景描写等の表現の工夫から，メロスが自分を励まし続ける姿，旅人やフィロストラトスの不安の声にも届しない姿，約束の時

刻が迫る緊迫感を感じながらもしっかりと精神を集中させている姿を感じ取ることができる。生徒には自分が選んだ部分を朗読することで，メロスのどのような人物像を表現できるのかを考え，説明させる。

②心情を表現できる朗読の方法を考える

　授業の始めに，冒頭の「メロスは激怒した」を全員で読み，朗読の練習を行う。王の暴政によって恐怖に支配されている町の様子を聞いて激怒したメロスの思いを確認し，怒りを表現することができる速さや発音，声色について考える。本時では小説で理解してきたことを音声に乗せて表現し，表現のすばらしさを読み味わうことがねらいであることを意識させる。

　展開の中では，選んだ部分でメロスがどのような心情でいるのかを意識させる。かすかに生まれた希望，セリヌンティウスの処刑の時刻が近付いている焦り，誰に何を言われても走り続けるしかないのだと自身に必死に言い聞かせる強い意志等，浮き沈みする豊かな心情表現や「もっと恐ろしく大きいもの」のために死に物狂いで走っている場面の臨場感を声で表現させたい。

③朗読を改善する機会をつくる

　ICレコーダーやタブレット端末等を用いて，自分で朗読を練習する際に録音をする。録音を聞くことで，自分が思うより表現が乏しかったり，イメージと違っていたりということに気付くことができる。また，朗読をグループで発表する際に，班員から感想をもらった後，もう一度朗読をする機会を設ける。感想をもらうことを通して自分の朗読のよさを再確認したり，更に改善してみたりしようと考えることが予想される。班員の感想を受けて，先ほどよりもよい朗読をすることを目指して再度朗読する。

7 生徒の学びの姿

⑴ メロスに批判的な生徒の考えを生かす姿

　一や三を扱った授業では，メロスの人物像について様々な考えが出て生徒の学びが深まった。一の授業では，本文の叙述を基にメロスの人物像を読み取っていった。多くの生徒がメロスの勇敢さや正直さを挙げたが，メロスのことを見通しがなく，身勝手な人物として批判的に捉える生徒もいた。こうしたメロスに批判的な考えを取り上げることによって，メロスの人物像を多面的に捉える生徒が増え，メロスの人間らしさを感じる生徒が増えた。

　また，メロスに批判的な考えは三の自暴自棄になるメロスを読み，共感できるかを考える際の考えをもつヒントになった。一で書いたノートを見たり，話し合ったりしながら，自信満々なメロスがここまで弱るということは相当苦しかったに違いないと共感的に捉える生徒もいれば，一で無計画に王城に乗り込むメロスの自分勝手な人物像を中心に三も読み，共感できないとする生徒もいた。また，もし自分だったらどうするか，とメロスの姿を自分に当てはめたり，自分が困難に面してつらかった経験と照らし合わせたりした生

徒も多かった。

⑵ メロスの人物像について考えが変化した姿

　生徒Aは、「メロスは人のためなら何でもしようとする正義感や優しさのある人物。また、王にもひるまず刃向かって行く**強い人物**」と書いていたが、第6時に人物像を再考した際には、「メロスは最初とても強い人だと思っていたけれど、**僕たちがもっている弱い心をちゃんと持っている普通の人間らしいところもあると思った。**弱さに気付いた自分を認めることは結構つらいことだと思うけれど、もっと恐ろしく大きいものに気付き、セリヌンティウスにも自分の弱さを言えていたことは強いと思った」と書いている。

　また、生徒Bは「正義感」を基にメロスの人物像に注目して考えている。もともと正義感の強かったメロスだが、困難を通して、より強い精神をもつ人物へと変化したと考えた。

⑶ 朗読する生徒の姿

○「私は信頼されている。私は信頼されている」を含む部分を朗読した生徒の工夫

Cさん朗読（1回目）

生徒D：Cさんは1回目の「私は信頼されている」の2回目のほうを強く読んだことによって、セリヌンティウスに信頼されていると強く思いたいというメロスの心が感じられました。

生徒E：2回目は自分を奮い立たせるためにもう一度言い直したようにしたのが自分と同じでした。この場面の前で自分の弱さが出てしまったところから復活している最中なので、1回目は問いかけるような感じにして、少し自信がなさそうな感じで読みました。この部分は強い決意に向かって行っている段階だから、少し揺らぐ雰囲気を出そうと思いました。

Cさん朗読（2回目）

生徒E：工夫された朗読から、確かにメロスが自分を励まそうとしていることを感じました。2回繰り返している文の工夫にも気が付くことができました。

　朗読の工夫をメロスの人物像と結び付けて読むことができるように促していく。朗読を発表させた後、聞いていた生徒には朗読からどのような心情や場面が伝わってくるかを積極的に発表させた。

8 資料

○ 板書例（第7時）

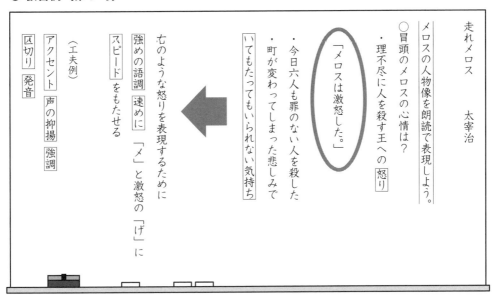

走れメロス　太宰治

メロスの人物像を朗読で表現しよう。

○冒頭のメロスの心情は？

・理不尽に人を殺す王への 怒り

「メロスは激怒した。」

・今日六人も罪のない人を殺した
・町が変わってしまった悲しみで
いてもたってもいられない気持ち

亡のような怒りを表現するために
「メ」と激怒の「げ」に
スピード をもたせる
強めの語調 速めに

（工夫例）

アクセント　声の抑揚　強調

区切り　発音

〈高木 佐和子〉

語句と語句とを結ぶことで見えてくるもの

～「走れメロス」の作品語彙に着目して～

1 単元の目標

●文章中にある語句の関係性を理解し，語感を磨き語彙を豊かにすることができる。

〔知識及び技能〕(1)エ

●意味・用法の関連する語句を語彙として捉え，その関係性を整理することを通して，小説の展開や主題を考えることができる。　　　　〔思考力，判断力，表現力等〕C(1)イ

●語彙に着目して小説の構成や展開，主題を粘り強く読み解こうとする。

〔学びに向かう力，人間性等〕

2 単元の設定

(1) 単元設定の理由

　本単元は，小説における語句のまとまり（語彙）に着目することを通して，作品の主題や話の展開を読み取る力を育成する。

　これまでの語句の学習では本文中の語句の意味を調べたり，その意味を考えたりすることが多かった。これらの学習は，語句を教材中で単独の存在として扱うことが多く，話の展開や主題を支えるまとまりとしての捉え方はされてこなかった。そこで，本単元では語句と語句のつながりを話の展開や主題を支える「まとまり」として見付ける方法を学び，それを活用して小説の理解や解釈を深めることを目的としている。

　「走れメロス」では文章中の細かな語句の表現一つ一つへの工夫があり，その語句の選択に作者の意図を読み取ることができる。また，それらがまとまって，登場人物の考え方や性格，心情を読者に感じ，考えさせる教材であると考えられる。例えば，メロスの考え方や性格を象徴する語句として「信じる」を中心とした語彙（語句群）を構成することができる。「信じる」は本文中で12回用いられ，関連する語句として，「信実」「約束」「信頼」「正直」「愛」などが挙げられる。一方「疑う」という語句を中心にするとディオニスの立場を象徴する語彙（語句群）を構成することができる。「疑う」は本文中で8回用いられ，関連する語句として「欺く」「うそ」「だます」などが挙げられる。またこれらの対比的な語彙を捉える中で，メロスが力尽きそうになり，諦めかけた場面で，メロスに「疑う」に関した語彙が用いられていたり，最後の場面でディオニスが「信じる」に関する語彙を用いたりすることが分かる。感覚的にしか捉えていなかった重要な場面が語彙を通して読み

取ることでより明確になることを生徒に学ばせたい。

(2) 単元展開の特色

　本実践は三次で単元を構成し，語彙に着目して話の展開や主題を捉える方法とその有効性を認識できるようにしている。一次で仮説として主題を考え，二次で仮説の検証方法として語彙を通した作品の読み取りを学び，三次で主題を検証する展開を取った。

　一次は，第３時までで通読を終え，本文の展開や人物像を理解し，そこまでの学びとしての主題を考えさせた。ここでは語句については従来どおり言葉の意味を調べたり意味を考えたりする程度にしている。二次以降の展開で，語彙に着目することによる新たな視点，気付きを得られることを生徒に気付かせるためである。

　二次では，第４時に語彙を通した学習方法について学ぶ機会を設ける。「疑う」「信じる」に関する語句を本文の中から整理してまとまりとしての語彙を把握する方法を学ばせ，第３時までに気付かなかった読みの視点や方法が存在することを理解させた。

　三次は，第５時では第４時の学びを生かして新たな語彙の発見を行う。班活動を行い，読みに苦手意識がある生徒を学習へ参与させつつ，話合いによって多様な視点が生まれることを期待する。また，第６時の発表を通して自分の考えと他班の考えを比較するなどして新たな主題について考え，第３時との内容比較を行い，語彙を通した読みの有効性を理解できるようにした。

3 評価

(1) 評価規準

知識・技能	思考・判断・表現	主体的に学習に取り組む態度
①語句の意味や語句同士のつながりなどについて理解し，話や文章の中で使うことを通して，語感を磨き語彙を豊かにしている。	①「読むこと」において，目的に応じて語句（語彙）を整理しながら適切な情報を得て，内容を解釈している。 ②「読むこと」において，文章全体と部分との関係に注意しながら，登場人物の設定の仕方などを捉えている。	①粘り強く教材の構成や展開について理解を深め，積極的に読み解こうとしている。

(2) 評価方法のポイント

●語彙に着目して読み解く方法，その有効性について理解し，文学的な文章（小説）を読むことに積極的に活用することができる。

●班での話合いを通して語句と語句との関係性を整理しながら，文学的な文章（小説）の登場人物の心情や役割について，根拠を明らかにして解釈している。

4 単元の指導計画（6時間）

時	学習内容	学習活動	評価規準
1	●教材を通読し，それぞれの人物に対するイメージを捉える。	①全文を通読し，出てくる登場人物を確認して，登場人物のイメージ（どのような印象をもったか）を出し合う。	★人物の言動などを手がかりに人物へのイメージをもとうとしている。 態
2	●話の展開を踏まえながらメロスやディオニスの人物像，心情の変化を読み取る。	②「メロスの心情に変化を与えたもの」について話し合う。 ③王の言動から，王の心情の変化を考えノートに記録する。	★心情とその理由との関係を明確にしながら心情の変化を捉えている。 思①
3	●「走れメロス」の主題について自分の考えをもつ。	④メロスや王の変化から主題について考えノートに書く。	★作品の中での登場人物の位置付けを捉えている。 思②
4	●「語彙」について理解し，新たな作品を読み解く方法を理解する。	⑤「信じる」や「疑う」に関する語彙を本文から探し，出し合う。	★語句と語句との関係性に着目し，その意味について考えている。 思①
5	●「走れメロス」からテーマごとに決めた語彙を探し，その役割や意味を捉える。	⑥本文から語彙として成立しそうな言葉を探し，出し合う。 ⑦班で本文から語彙を探し，そこから考えられることを話し合う。	★語句と語句の関係性に着目しその意味について考えている。 思① ★班活動に積極的に参加し，問題解決しようとしている。 態
6	●「語彙」についての学びを発表して共有する。 ●学習を振り返る。	⑧発表を聞き，自分たちの考えと比較し，本単元の学びを振り返る。	★他班の発表を通して，細かな語句の表現に着目し，語感を豊かにしている。 知

5 本時の展開①〔第4時〕

(1) 本時の目標

●人物像を表す語彙に着目して，人物設定の意図や人物の心情の変化を読み取ることができる。

●語彙に着目して小説を読み解く学習を通して，新しい観点での小説の読みについて考えることができる。

⑵ 本時の指導案

学習活動	指導上の留意点	評価（方法）

導入 （5分）細かな言葉の意味を読み取る。

①王の人物像を表す言葉を見直し，文章において作者が意図的にある言葉選びをしていることを確認する。	●王（小説の初め）に対する学習者のイメージと細かな語句を読み取ることで得られるイメージの違いを比較する。 残酷，暴虐，人を信じない ↓ 不安，心配，人を信じられない	★語句と語句との関係性に着目し，その意味について考えている。**思②**（発言）

展開 （35分）メロスや王の変化を語彙から考える。

②王の人物像から「疑う」に関する語彙を探し出す（班活動）。 ③本文における「疑う」の対義語は何かを考える。 ④「信じる」「信実」に関する語彙を本文から探し出す。 ⑤メロスが「疑う」に関する語句を用いること，ディオニスが「信じる」に関する語彙を用いることにどのような意味があったか話し合う。	●班で探させ，班員それぞれの考えのずれや気付きから，どのようなものが語彙として成立するか考える機会としたい。 「疑う」……欺く，悪心，不信，うそ，だます，私欲，うそつき　など 「信じる」……約束，信実，愛，信頼，正直，信念　など ●黒板に図として示しつつ「信じる」側のメロスが「疑う」場面や，「疑う」側であった王が「信じる」言葉を口にする場面に気付かせ，その意味を考えさせる。	★積極的に班での活動に参加し語彙を探そうとしている。**態**（表情） ★場面や展開の意味について解釈している。**思②**（発言）

まとめ （5分）語彙を通した作品の読みについて考える。

⑥語彙を通した読み取りの方法を振り返る。	●語彙に気付くことにどのような意味があったかを考えさせる。	★語彙学習の有効性について考えようとしている。**態**（ノートへの記述）

⑶ 本時展開のポイント

①語句の細かな表現に目を向けさせる

　文中の表現は吟味され，意図的に選ばれたものであることを生徒に意識させるため，本時では王の人物像を改めて見直した。生徒は王に対して記憶に残りやすい「冷酷」「暴君」「邪知暴虐」といった表現から，力強く頑固で，周囲を顧みない独裁者のようなイメージをもっていたが，「信じられぬ」「信じてはならぬ」という語句に込められた「人に対する不信感」を抱え込んだ繊細な王の姿に気付くことができた。

②語句と語句のつながりについて理解させる

　語句への意識を高めた後，語句と語句とのつながりやまとまりについて理解させた。本文で何度も繰り返されているメロスに関わる表現にはどのようなものがあるかを考え，「信じる」や「走る」があることを気付かせた。そのうち「信じる」に着目させ，本文で対比関係にある語句として「疑う」を挙げさせ，「信じる」「疑う」の対比関係と，「メロス」「王」の対比関係に気付かせ，それぞれの語句に意味的に近い語句としてどのようなものが存在するか探させた。これらは，「信じる」あるいは「疑う」を中心とした語句のまとまり，すなわち「語彙」として捉えられるものである。

● 信じる……約束，信実，愛，信頼，正直，誠，信念，友　など

● 疑う………欺く，悪心，不信，うそ，だます，私欲，うそつき　など

　読解が苦手な生徒には助言としてどのような言い換えができるかを考えるように伝えた。予め「信じる」や「疑う」がどのような語句に言い換えられるのかを想定することで本文から語彙を探しやすくなることを理解させた。

③語彙を通して得る新しい視点に気付かせる

　「信じる」「疑う」の語彙を挙げた後，そこから何を読み取ることができるかを話し合わせて，語彙に着目することの有効性を意識させた。「メロスと王を象徴していた語彙である」ということ，「誰が発言した語句か」という視点から，メロスが「疑う」場面の重要性，王が「信じ」ようとする場面の重要性に気付くことができた。また，それらの場面が作品中に存在していることの意図や重要性について考えることを通して，改めて作品の主題への意識を高めることができた。本文の中に散りばめられた語句が，実は登場人物の性格や設定意図を表すために関連付けられて配置されていることの意味に気付き，その意味を展開や人物とつなげて，一度読むだけでは気付かない読む視点が出てくることを認識させておきたい。

6　本時の展開②〔第5時〕

(1) 本時の目標

● 語彙という考え方に着目した話の読み方を生かすことができる。

● 語彙について理解し，本文を見直して，主題に対する新しい視点をもつことができる。

(2) 本時の指導案

学習活動	指導上の留意点	評価（方法）
導入　（10分）どのような観点の「語彙」を検討するかを考える。		
①どのような語彙が作品を理解する視点となるかを考え，班ごとにテーマを決定する。	● どのような語彙が本文の理解を深めることにつながるか考えさせる。「色彩（光）」「走る」「メロスの一人称」など。 ● それぞれの語彙のテーマから，どのようなことが読み取れるかを考えさ	★テーマの意味を考えながら積極的にテーマ決めに参加しようとしている。 態 （表情，発言）

| | | せながら選択させる。 | |

②選択したテーマに関わる語彙を本文から探す。	●困ったり，悩んだりした事項については班員で話し合いながら進めるよう指示を出す。	★目的を理解して本文から情報を探している。**思①**（発言，線引き）
③確認した語句と語句のつながりから読み取れることは何かを話し合う。	●語彙を整理する中で言葉の使い方として違和感のある語句や何かしらの意図を感じる語句などを記録させておき，その語句の使われ方の特徴や意味について考えさせる。	★語句同士のつながりを考え言葉の意味を捉えている。**思①**（発言）
④話し合った内容を発表に使う資料として整理する。	●考えた全ての内容を発表に用いることはできないので，重要な点に絞らせる必要がある。他班の内容との重なりも確認しながら発表内容の確認をしておく。	★班員と話し合い，問題解決をしようとしている。**態**（表情，発言）

まとめ（5分）自分たちが選んだテーマによる学びを記録する。

⑤班での活動を振り返り，自分たちのテーマを深めることは，小説を理解する上でどのようなことが学べるのかを記述する。	●今後の文学教材の学習のためにも，どのようなテーマを深めると文学教材の何への理解が深まるのかということを意識させ，記述させる。 色彩，情景……心情描写，状況の変化，展開の兆し 走る……目的の変化，メロスの思考，人物像 一人称……心情，人物像	★自分たちのテーマを深めることで得られるものについて考えている。**思②**（ノートへの記述）

(3) 本時展開のポイント

①どのような語彙が作品理解を深め得るか

　ここでは班活動で語彙の学習を進めていく上で「どのような語彙」を通して作品を考えるかということが要点になる。このことを生徒に考えさせる上でヒントを提示した。

●繰り返される語句……動詞だけでなく，様々な品詞で意識させたい。

●題名に関わる語句……題名がキーワードになっている作品が多い。

●色に関わる語句………情景だけではなく，色味など視覚に関する語句。

　このポイントは語彙の学習の基本となるのでしっかりと意識させておきたい。本実践では「色彩」「走る」「一人称」をテーマに班ごとに語彙学習を進めることとした。

②テーマごとに着目すべき語句について

　生徒はテーマごとに語彙を調べ，そのまとまりから，テーマを深めたり，人物像を考え直したりする。

「色彩」に関しては，単純な色のみならず，情景という観点で天候も含めて考えさせ，場面と心情とのつながりを読み解くことができた。生徒が関心を示した内容として，妹の結婚式の場面での天候（主に雨）の意味や役割，また「黒い風」がなぜ黒色なのかという点や，緋のマント，血の色としての赤色系統の色の扱い方などが挙げられる。他にも出発時の星の輝きや，メロス復活時の明るい情景に着目していた。

「走る」に関しては本文で幾度となく用いられているが，「歩く」といった言葉も含め考えさせることを通して，「何のために走っているか」といったメロスの走る目的の変化に着目するよう助言した。例えば，疲弊し一度諦めかけた場面の前後の走る目的，理由の変化に特に着目させた。「もっと恐ろしく大きなもの」のために，が何を意味していたかという点は生徒にとって関心の大きい疑問となった。

「メロスの一人称」に関しては「裏切者」「真の勇者」など自分を形容する言葉を含めて考えさせて，心情の揺れ動き，メロスの自己の捉え方を読み深めることができていた。特に着目させたい点として「私」の使用頻度（メロスが疲弊したとき，文を重ねるように何度も「私は」が繰り返されている）の変化や，「真の勇者」が本文で2度用いられるがその使い方の変化等が挙げられる。

③語彙の学びを整理する

次時において生徒は班の学びを発表するが，その際に図等を用いて分かりやすく表現することを意識させた。第4時のメロスと王の語彙に関する図を板書したが，それを参考に要点として次の内容を示した。

●語句の変化，語句の関係性を分かりやすく整理すること。
●重要だと考えた語句（キーワード，キーフレーズ，キーセンテンス）が何かを明確にすること。

また生徒が発表を聞いて語彙を学習する過程を意識し，その有効性を感じられるように発表の内容に対して次の内容を含めて発表するよう指示を出した。

●語彙を整理し，まとめる中でどのような点（キーワード，キーフレーズ，キーセンテンス）に着目したか。
●そこから新しい視点としてどのようなことが考えられたか。
●語彙に着目することでどのようなことが学べたか。

7 生徒の学びの姿

(1) 語彙学習を通したことによる作品理解への深まり

生徒は第3時の活動の中で「友情」「正義」が主題だと考えていた。それらは第6時では「信実への困難さ」「信頼と挑戦」といった主題の読み取りに変化していた。また主題以外の読み取りとして人物の変化に再着眼する生徒もいた。メロス，ディオニスに対する「メロスは変化していない一貫した人物だと考えていたが，実は一番大きく変化した人物だ」や，「王はメロスの挫折した姿であり，第二の中心人物としての役割をもっていた」

という感想が多数あった。生徒のこういった再着眼・再思考は，第4時の語句に着眼して
イメージを捉え直す学習内容や第5，6時の語句と語句のつながりから見えてくるものを
考えた語彙学習を基盤に置いており，語彙への学習を進める中で展開や主題への理解の深
まりを得られたと言える。生徒は感想として，「要約のように話の大きな展開を読み取る
ことで教材の一番伝えたい部分が分かると考えていたが，細かい言葉を追うことでも重要
な部分が分かるということが分かった」と述べている。

(2) 語彙学習を通した読む力の成長

　「語感を豊かにする」という観点からは，生徒が授業者の想定を超えて思考する場面が
見受けられた。例えば「色彩」について分析していた班が情景を追う場面では「日が落ち
る」という表現に着目し，「日が沈む」「没する」という使われ方に気付き，それぞれの使
われている場面の特徴を分析していた。その中で「沈む」が必死さを表す場面で用いられ
ており，メロスの焦りを情景として述べている表現であり，「没する」はセリヌンティウ
スの死の近付き，「死没」「没する」と関連付けられた表現ではないかと述べている。同じ
日没を示すこれらの言葉だが，微妙な言葉の選択によって豊かな風景が想像されていく，
文学の言葉の豊かさに触れる機会となった。

　また「一人称」について触れている班では「メロスの弟」という一人称に着目していた。
「わざわざ『私の』ではなく『メロスの』というところにメロスの根拠のない自信，中身
のない自己肯定があるのではないか」と述べていた。このことから形だけの信実をもった
男メロスが本物の信実を得る物語なのだと主題に触れていた。また「一人称」をテーマに
した班の中でそれぞれの一人称の使用回数を数値化して分析していた班もあった。作品に
関する語彙を通すことで何か新しい気付きを得られると生徒たちは認識し，取り組む姿勢
が見られた。活動を通していく中で，これからの読書に生かす思いが表出していた点も好
ましい成果と言える。

8 資料

(1) 生徒の感想

　太宰の作品構成の深さに驚いた。気づいていない細かな工夫があったのだとわかっ
た。「疑う」「信じる」の言い回しや，王が一族を殺す順番にも意味があったのだと色々
なことが想像できるのがおもしろい。王は，本当は人を信じたいが過去に人に裏切られ
たのではないかということが細かな表現，表情に注目すればわかる。この走れメロスに
は描き切れなかった壮大なストーリーがあるのではないかと感じさせる。名作の魅力は
このような世界観を広げさせるところに特徴があるのだろう。そしてそれは細かな言葉
選びに存在していると思った。

　メロスの一人称を探す中で考えたが，この作品は初めの方は三人称によって解説さ
れている感じなのに，後半になるにつれて段々作品の語る姿勢がメロスと一体化して

いるような気がする。三人称の文とメロスの心の声が一致していくような感じがある。これは一人称を探すだけではなくてどんな時にその言葉が使われているかということを考えなければわからなかったことだと思う。

(2) 板書例（第4時）

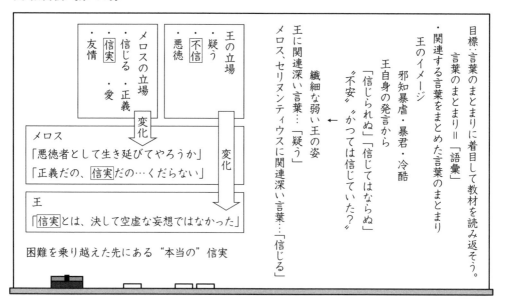

(3) 発表に向けた生徒の話合いのワークシート（第5時）

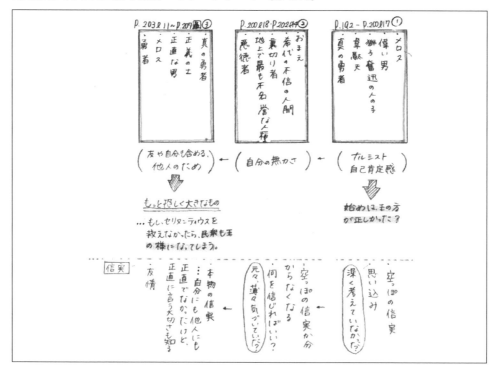

この班は一人称について調べ，その内容を時系列とともにグルーピングしている。「私」は様々な場面で使われているので分析が難しいと考えたため，他の呼び方を整理している。その中でメロスの心情変化とつなげて考えようとしている姿が見られた。

(4) 資料

①生徒が挙げた色彩に関する語彙

赤　太陽　灼熱　真紅　薄明り　日　燃えるばかりに輝く　斜陽　赤い光
キラキラ光っている　赤く大きい夕日　赤らめて　緋のマント　赤面　真昼　夜明け
日が落ちる　日没　没する　日が沈む　満天の星空　蒼白　暗い　黒い風　黒雲

※「走れメロス」は日と関連する表現が多く見られる教材と言える

②生徒が挙げた一人称に関する語彙（地の文からの表記も含む）

私　メロス　偉い男　韋駄天　獅子奮迅の人の子　真の勇者　おまえ
希代の不信の人間　裏切り者　地上で最も不名誉な人種　悪徳者　正義の士
正直な男　勇者

※地の文からの表記を含めることで考える余地が広がる

③生徒が挙げた「走る」に関する語彙（目的を示すものとして）

殺されるために　友を救うために　王の奸佞邪知を打ち破るために
自身をしかりながら　動けなくなるまで　走れ！メロス　黒い風のように
沈んでいく太陽の，十倍も速く　信じられているから
なんだか，もっと恐ろしく大きいもののために
ただ，わけのわからぬ大きな力に引きずられて

〔参考文献〕
・「中学校国語：語彙に着目した教材研究」『国語学習指導書別冊』光村図書（平成9年）

〈若森　達哉〉

「走れメロス」の作品の魅力を
探究しよう
～一人一台端末環境を生かした協働的探究による文学鑑賞～

1 単元の目標

● 漢語の硬質な語句や，登場人物の心理を描く暗示的，象徴的な描写を味わうことで，語感を磨き語句を豊かにすることができる。　　　　　　　　　　〔知識及び技能〕(1)エ

● 文学作品の細部の叙述と作品全体との関係に注意しながら，登場人物の設定の仕方などを捉えることができる。　　　　　　　　　　　〔思考力，判断力，表現力等〕C(1)ア

● 問いを設定して文学作品の魅力に迫ることで，作品中の暗示的，象徴的な文学の言葉の威力や，作品全体から感受される感化力を認識するとともに，文学作品の読書から得たそれぞれの思いや考えを伝え合おうとする。　　　　　　　　〔学びに向かう力，人間性等〕

2 単元の設定

(1) 単元設定の理由

　本単元は「走れメロス」の魅力について他者と協働探究し，多様な視点から文学鑑賞をすることを目指す。各学習プロセスでは，協働的な学びと個々の確かな学びが効果的に実現するように，一人一台端末環境の強みを生かしていく。

　生徒はこれまで，様々な文学的文章の読みの方略を学んできた。主人公の変容に焦点を当てた読み，描写や暗示的な表現に着目した読みなど，これまで学んだ読みの方略の学習を土台にして，「走れメロス」の学習に取り組んでいく。作品の特徴から，次のアプローチで作品の魅力に迫る学習を展開しようと考えた。

①多様な登場人物の造形から作品に迫る

　「走れメロス」の魅力の一つは，単純で猪突猛進のメロス，猜疑心に苛まれている暴君ディオニスなど，登場人物の強烈なキャラクター設定が挙げられる。しかし，これらの人物像の解釈は一筋縄ではいかない。そこで，学習活動では登場人物の言動やその意味，心情の変化等を丁寧に読み取り，より深く人物像を解釈し，作品の全体像に迫っていく。細部を捉える「ミクロの読み」と，全体を俯瞰して捉える「マクロの読み」を往還させることで，作品の魅力を味わわせたい。

②語句から作品に迫る

　「走れメロス」のもう一つの特徴は，歯切れのよい文体と硬質な漢語の使用である。「邪智暴虐」「蒼白（な顔面）」など，中学生の日常生活にはない言葉にたくさん出会うことに

なる。学習活動では，登場人物の人物像を捉えるために読み進める中で，こうした語句や表現の特徴に自然に目が向くように促していきたい。

(2) 単元展開の特色

　本単元の特色は，一人一台端末環境を活用して学習活動を展開することにある。授業では本単元の目標の達成に向け，以下のデジタルツールを活用した。

- ◉ Chromebook（一人一台ずつ貸与された学習用PC）
- ◉ Google Classroom（学習用の掲示板。課題の配付・回収ができる。以下，「Classroom」）
- ◉ Google Jamboard（デジタル上のホワイトボード。付箋などが貼れる。以下，「Jamboard」）
- ◉ Google フォーム（オンラインでアンケートやテストができるアプリ。以下，「フォーム」）
- ◉ Google スライド（PowerPointのようなスライドを作成できるアプリ。以下，「スライド」）
- ◉ Google ドキュメント（ワープロソフト。以下，「ドキュメント」）

①一人一台端末環境を読みに生かす〜個の学びを支援する〜

　一人一台端末環境での学びのメリットの一つは，個や全体の学習状況を，教師がリアルタイムに捉えることができる点にある。

　例えばフォームによるオンラインテストの活用が挙げられる。教師がオンラインテストを作成して配信した問題を，生徒は各自の端末で好きなときに問題に取り組み，即座にフィードバックが得られ，何度でも再挑戦できる。また，教師は個々の学習状況や，学級全体での傾向を知ることができるので，正答率が低い内容については，全体での補足指導や個別指導を加えることができる。

②一人一台端末環境を読みに生かす〜協働の学びを支援する〜

　本授業ではグループで考えた解釈を説明するためにスライドで資料を作成する。このツールを使用するメリットは，グループのスライドデータに複数の生徒が同時にアクセスして作成すること（共同編集）ができる点にある。この共同編集機能を活用し，グループで協働して「走れメロス」に関する問いを解明するための叙述を集め，その解釈をスライドにまとめる活動に取り組むこととした。

3 評価

(1) 評価規準

知識・技能	思考・判断・表現	主体的に学習に取り組む態度
◉作品中に示された，漢語の硬質な語句や，登場人物の心理を描く暗示的，象徴的な描写に着目して，その語句の意味を文脈に沿って捉え，作品の内容を適切に理解している。	◉「読むこと」において，自ら設定した問いを基に文学作品の細部の叙述と作品全体との関係に注意しながら登場人物の設定の仕方などを捉え，作品の魅力に迫っている。	◉「文学作品の魅力に迫る」という学習活動の見通しをもって，グループで協力して文学作品の解釈を考え，それぞれの思いや考えを交流し合い，粘り強く作品の解釈を深めようとしている。

⑵ 評価方法のポイント

● 「知識・技能」は，作品中の語句の意味を文脈に即して適切に理解しているかどうかを評価する。その際，オンラインテストを使って各自で練習及び評価をする（「8　資料」参照）。

● 授業では，4人グループで「走れメロス」に関する問いの解決を目指すが，この学び合いを通して深まった解釈を最終的に個人でまとめた「作品レポート」を「思考・判断・表現」の評価資料とする。「走れメロス」の魅力に迫るためには，作品全体を貫く問いを設定し，「人物像」や「場面」などの学習用語を駆使しながら，根拠となる叙述を踏まえて解釈を深めることが必要となる。「作品レポート」を評価する際には，これらの要素を含んだルーブリックを設定し，生徒とそれを共有して指導をする（「8　資料」参照）。

● 「主体的に学習に取り組む態度」に関しては，グループでの探究の様子を観察するとともに，単元末での振り返りの記述を基に評価をしていく。グループの一員として探究活動にどのように取り組んだか，誰の発言によって読みが深まったか，自分の読みがグループの活動によってどう深まったかなどを振り返らせる。

4　単元の指導計画（全6時間）

※以下，学習活動における ICT ツールの活用には下線を引いている。

時	学習内容	学習活動	評価規準
1	●全文を通読し，感想を書いて読み合う。	①全文を通読する。 ②次の観点で疑問や感想を書く。 ・メロスの行動や考え方について ・作品の表現の特徴について ※ Classroom に初発の感想を投稿し，互いの感想を読み合う。	★作品の大まかな内容を理解し，自分なりの感想をもっている。 態
	●難しい語句の意味を辞書等で調べて理解する。	③語句の意味を調べる（宿題）。	
2	●作品の内容や，語句の意味を確認する。	④「走れメロス」の設定（時，場所，人物）について確認する。 ⑤内容と語句の問題に取り組む。 ※教師が作成したフォームの練習問題に解答する。	

| 3 | ●内容・語句についての知識を確かめる。 | ⑥前時の練習問題の内容を確認するテストに取り組む。
※フォームでテストを行う。 | |
| | ●「走れメロス」の魅力を引き出す問いを設定する。 | ⑦個人で探究したい問いを考え，ノートに書き出す。
⑧グループ内で各自の問いを紹介し合い，一つに絞る。
※Jamboard を使って，問いを絞り込む話合いを行う。 | ★作品の大まかな内容を理解し，作品中の語句の意味を捉えている。 [知] |

4	●グループで作品を読み深め，その成果をまとめる。	⑨グループで設定した「走れメロス」に関する問いについて解釈したことやその根拠をスライドにまとめる。 ※スライドを共同編集する。	★学習の見通しをもって，グループで協力して粘り強く作品の魅力に迫り，作品中から根拠を求め，解釈を深めようとしている。 [態]
5	●「走れメロス」大研究発表会	⑩グループで，作品の魅力に迫る問いについて解釈したことやその根拠を発表し，質疑応答をして深める。 ※スライドを用い発表する。	★「読むこと」において，自ら設定した問いを基に細部の叙述を捉えながら作品を解釈し，登場人物の設定の仕方などについて自分なりに考えを深め，作品の魅力に迫っている。 [思]
6	●学習のまとめ「メロスの魅力について語る」	⑪グループの話合いやクラスの発表会を踏まえて，最終的に深まった自分の読みを文章にまとめる。 ※個人でドキュメントにまとめる。	
	●学習を振り返る。	⑫学習の振り返りをノートにまとめる。	

5 本時の展開①〔第3時〕

(1) 本時の目標

● 「走れメロス」の大まかな内容を理解し，文脈上の語句の意味を捉えることができる。

● 「走れメロス」の魅力を引き出す問いを各自で考え，グループで検討することができる。

(2) 本時の指導案

学習活動	指導上の留意点	評価（方法）
導入 （10分）「走れメロス」の大まかな内容や語句の意味について確認する。		
①内容・語句のチェックテストを行う。	●各自の端末でフォームのテストに取り組ませる。	★作品の大まかな内容を理解し，語句の意

②テスト結果を全体で確認し，復習する。	●テストの結果（全体傾向）を教室のスクリーンに投影し，誤答が多いものについて教師が補足指導をする。	味を捉えている。 **知** （テスト）

展開（35分）「走れメロス」の作品の魅力を引き出す問いを検討する。

③「走れメロス」の魅力を引き出す問いを個人で考える。 ④各自の問いを基にグループで「走れメロス」の魅力を引き出す問いを一つに絞る。	●Classroom に投稿されている全生徒の初発の感想を読み返し，そこで出された疑問を確認して次の活動の導入とする。 ●各自で「走れメロス」の魅力を引き出す問いを考えてノートに書く。 ●グループで Jamboard を共有し，各自で考えた問いを書き出して読み合う。グループで，どの問いが最も「走れメロス」の魅力に迫ることができるか検討し，絞り込む。	★「走れメロス」の魅力を引き出す問いを考え，グループで絞り込んでいる。 **思** （Jamboard）

まとめ（5分）各グループの問いを全体で共有する。

⑤グループで決めた問いを発表し合う。	●各グループの Jamboard を教室のスクリーンに投影し，どのような理由や優先度で問いを決定したか，話合いの経過を全体で報告し合う。	

(3) 本時展開のポイント

①何度でもチャレンジしたくなるオンラインテストの設計

　フォームのオンラインテストに，生徒が何度も取り組んでみたくなるような仕組みを考えた。その一つは，生徒が解答した後に採点結果のみ示し，模範解答は伝えないというフィードバックの設定である。また，繰り返し問題に取り組む際に，選択肢の順番をランダムに入れ替える設定も加えた。このような設定を工夫することで，生徒は模範解答の暗記ではなく，自分の力で正解に到達することができるように，辞書で調べたり，教科書を見返したりなどして，何度も問題にチャレンジしていた。

②Jamboard による問いの吟味

　Jamboard はオンライン上で利用できるホワイトボードのようなツールである。これをグループで共有すると，生徒各自の端末から同じボードにアクセスでき，操作することができる。このツールを活用することで，各自の考えは付箋に可視化され，共有されていく（教師の端末からも，グループの付箋を見ることができる）。こうした，デジタルの付箋を使っ

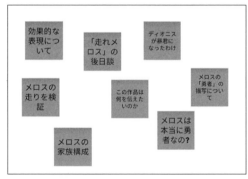

図1　Jamboard の画面

て吟味することで「誰が言ったか」ではなく「何が書かれたか」という，問いそのものに焦点を当てて検討することが可能になる（図1）。

なお，グループで集めた問いは，次の観点で，一つに絞り込んだ。

● 作品の魅力を引き出す問い
● 読みが深まりそうな問い
● 多様な解釈が生まれる問い
● みんなで語り合ってみたい問い

6 本時の展開② 〔第4時〕

(1) 本時の目標

● グループで設定した問いを基に，細部の叙述を捉えながら作品を解釈し，登場人物の設定の仕方などについて考えを深め，作品の魅力に迫ることができる。
● 学習の見通しをもって，グループで協力して粘り強く作品の魅力に迫り，解釈を深めようとする。

(2) 本時の指導案

学習活動	指導上の留意点	評価（方法）
導入 （5分）グループでの活動のねらいと進め方を理解する。		
① 本時の活動内容について確認する。	● 教師は，このクラスのグループでは出てこなかった「なぜメロスは走っているように読者に感じられるのか」というテーマでスライドをつくり，それを全体に示しながら説明する。この例示によって生徒に学習活動のイメージをもたせる。	
展開 （40分）「走れメロス」の魅力を引き出す問いから作品を読み込む。		
② 前時で設定した「走れメロス」の魅力を引き出す問いについて作品を読んでいき，解釈したことをグループでスライドにまとめる。	● 「走れメロス」の問いを探究するために，叙述を丁寧に捉えながら，作品全体の解釈へとつなげていく。そのために，次の流れで，グループで作品を読み込み，スライドを作成していく。 1 「走れメロス」の魅力を引き出す問いを確認する。 2 問いを解明する根拠となる「走れメロス」の叙述（心情描写，情景描写，会話文など）を探す。 3 その叙述と，そこから解釈できることをスライドに記入する（一つの叙述に1枚のスライドとする）。	★ 学習の見通しをもって，グループで協力して粘り強く作品の魅力に迫り，解釈を深めようとしている。 **態** (観察) ★ 問いを基に作品全体を捉え，登場人物の設定の仕方などについて自分なりに考えを深め，作品の魅力に迫っている。 **思** (スライド)

| | | 4 2,3の叙述と解釈を集約し,「走れメロス」全体の考察をまとめる。 |
| | ●教師は各グループのデータを共有しているため,リアルタイムで進捗状況を把握することができる。叙述の読み飛ばしや誤読がないか,解釈に飛躍やこじつけがないか,メロスの視点だけでなく,ディオニスやセリヌンティウスの視点から読むとどうなるかなど,解釈がより適切に,かつ深まるように問いかけることで,各グループの探究を支援する。 | |

まとめ（5分）次の時間の発表への見通しをもつ。

| ③次時の手順について確認する。 | ●次時に発表する際の流れについて確認し,見通しをもたせる。 | |

(3) 本時展開のポイント

①「問いを立てて読む」探究型の文学鑑賞

　本単元では,メロスの多彩な作品の魅力に迫るために,グループでそれぞれ異なる問いを設定して探究する学習活動を展開した。前時の授業で,各自で考えた問いを出し合い,それをグループで吟味して絞り込んだ問いを基に作品を読み込んでいく。

　あるクラスでは次のようなテーマを選び,読みを深めていた。

●メロスはどのように勇者になったか？

●メロスの人物像とは？

●なぜ王を改心させることができたのか？

●「走れメロス」で伝えたかったことは友情なのか？

---

②叙述を基に読みを深めるスライドの構成

　本単元では,小説を読んで,引用して解説したり,考えたことを伝え合ったりする言語活動を通して,文章全体と部分の関係に注意しながら登場人物の設定の仕方などを捉えることを授業の目標としている。作品を読む進める際には,単なる感想や思い付きではなく,具体的な叙述を指摘して,そこから解釈を広げていくことが重要である。そこで,グループで解釈した内容をスライドで表現するときに,必ず本文を明記させることとした。発表資料は紙でも作成できるが,本文を紙に書き写す作業が煩雑である。ICTを活用すれば,そのような手間から解放され,「なぜその叙述を取り上げたか,そこからどのような解釈ができるか」という検討に焦点を当てることが可能となる（「7　生徒の学びの姿」(2)の作品例参照）。

③グループで助け合って根拠を探し，解釈をまとめる協働型文学鑑賞

　この授業では，スライドの共同編集という活動を通して，グループで協力し合って「走れメロス」の叙述を指摘し，解釈を深める活動が展開されることとなる。個々がそれぞれの視点で捉えた解釈は，他の解釈と結び付け，相関関係などを捉えて構造化していき，作品全体の解釈をつくり上げていかなければならない。そこで，各グループでは，個々の解釈がある程度集まった段階で，グループとしてどのように解釈をまとめ，結論付けていけばよいか，相談しながら深めていく学習が展開されていった。

7 生徒の学びの姿

(1) ツールの機能を生かした交流によって個々の読みを深める

　ICT を活用した学習活動では，教師が事前に想定したツールの利用だけでなく，生徒自身が目的に応じたツールの新たな活用法を発見して，柔軟に活用していく姿が生まれる。

　あるグループではスライドにチャット機能（Google Chat。以下，「Chat」）があることを発見し，早速それを活用して効果的に交流を進め，読みを深めていた（図2）。

　ある生徒は，メロスが「疑う」場面があることを「信じる」ことと関連付けた解釈を Chat で述べた。そのコメントを受けて，他の生徒も，ディオニスでも同様のことが言えるということに気が付き，二つの読みをつなげていった。

　このように，口頭での対話だけでなく Chat 上で

図2　Chat の画面

も相互の読みの交流が行われていた。そのほか，文章の細部への気付きを述べたり，切り取ったテキストを Chat 上で貼り付けて渡したりなど，Chat の機能を柔軟に使いこなして，グループで助け合って課題の解決に向かう姿が見られた。こうした生徒が発見した柔軟なツールの活用方法は，教師が他のグループにも紹介し，広げていく支援をした。

(2) 協働で解釈を重ね合わせる

　あるグループでは「『走れメロス』で伝えたかったことは？」というテーマを取り上げた。そこで，本文中から根拠となる記述を取り上げて推測し，「『走れメロス』が伝えたかったことは友情なのか」という問いに絞って検討を進めた（図3）。

記述1　人を信じられない王様
p.193 l.12　p.194 l.13
「(王様は)人を信ずることができぬ」
「人の心は、あてにならない。人間は、もともと私欲の塊さ。信じてはならぬ。」
→王様は人(自分含む)を信じられない！！

記述2　人を信じることこそ善じゃ
p.194 l.9
「人の心を疑うのは、最も恥ずべき悪徳だ。
王は、民の忠誠をさえ疑っておる。」
→人を信じることは良いことと思っている

記述3 往路スタート

メロスは3日後の自分を信じた

→無二の友セリヌンティウスを人質とする

→良く言えば自信家 悪く言えば自己中心的

記述4 メロス走る

p.198 18行目

「若いメロスは、つらかった」

▷人間の弱さを表している

すぐ後ろの19行目

「自身を叱りながら走った」

▷人間の強さを今度は表している

202ページにも似た表現があります

記述5 目の前に自然、立ちはだかる

p.199 6行目〜

「昨日の豪雨で山の水源地は氾濫し、濁流とうとうと下流に集まり、猛勢一挙に橋を破壊し、どうどうと響きをあげる激流が、こっぱみじんに橋げたを跳ね飛ばしていた。」

荒れ狂う自然にもメロスは立ち向かい、
　　　　　　　　とうとう自然に勝ってしまった。

　　　　　　　　　　▷自然に勝ったのは友の力

記述6 体力が衰弱し、歩けなくなる

p.203 2行目

「水を両手ですくって、一口飲んだ
　　　　　　　〜 僅かながら希望が生まれた」

水を一口飲んだだけで希望が生まれる

▷ちょっとした影響でも自分の意識ひとつで最大限にポジティブに考えられる。「人間の強さ」を示す

記述7 ポジティブに復活

p,203 l,20

「愛と誠の力を、今こそ知らせてやるがよい。」

→本来：メロスは妹の結婚式のために三日間の日限をもらい人質をたてた

　実際：王に自分の「人を信じる力」を知らしめることにもなる

▷主人公自身がその「力」を王（と私たち読者）に示している

記述8 あきらめずに走る！

p.204 l,15〜18

「あの方は、あなたを信じておりました。刑場に引き出されても、平気でいました。王様がさんざんあの方をからかっても、メロスは来ますとだけ答え、強い信念を持ち続けている様子でございました。」

p.204 l,19

「信じられているから走るのだ。」

→メロスが友を信じているだけでなく、友もメロスを信じていることがわかる。

▷メロスが走る理由、それは…自分を信じる友のため！

記述9 「友情」であり「信頼」☆彡

p,207 l,2

「メロス、私を殴れ。同じくらい音高く私の頬を殴れ。私はこの三日間の間、たった一度だけ、ちらと君を疑った。生まれて初めて君を疑った。君が私を殴ってくれなければ、私は君と抱擁できない。」

→人を信じることの大変さと重さが表れている。

▷殴るという少し過激な表現によって、二人の間の信頼が際立つ

記述10 暴君をも変える力…！

p,207 l,10

「おまえらの望みはかなったぞ。おまえらは、わしの心に勝ったのだ。信実とは、決して空虚な妄想ではなかった。どうか、わしも仲間に入れてくれまいか。どうか、わしの願いを聞き入れて、おまえらの仲間の一人にしてほしい。」

→メロスやセリヌンティウスの「人を信じる力」が伝わった

▷王様が変わっていく→読者にも響く

結論と感想

走れメロスは一般的に友情がテーマとされ、確かに友情に関する描写も多かったが、さすがは太宰治の作品というだけあって「人間性」に関わるようなテーマも多いのではと考えた。

もちろん「友情」がテーマともいえるが、この物語ではセリヌンティウス以外にも、王様とメロスの駆け引きが多く描かれている。メロスという人物は、友という立場に限らず、自分も、人も「信じる」ことに、そしてそこには大きな「力」があることを、王様、そして私たちに伝えているのではないだろうか。

図3　スライド

　メロスと王，そしてメロスとセリヌンティウス，メロスとメロス自身のやり取りの中で，たびたび登場する「信頼」「信実」そして「信じる」という叙述に着目し，そのキーワードから解釈を重ね合わせていった。

　他者を信じることと，自分を信じること，時には疑いの心をもってしまうことが，この物語をダイナミックに動かしていく原動力となっていく。最終的に，このグループでは「信じることの力」がこの作品を貫く大きなキーワードであると結論付けた。

8 資料

(1) 内容・語句のチェックテスト（一部）

　フォームでは作品の大まか
な内容を捉える問題し，文脈
上の語句の意味を問う問題の
2種類を作成した（図4）。

　生徒が作品や語句の意味を
理解するために，楽しんで何
度もチャレンジしたくなるよ
うな難易度や内容になるよう
に留意した。

次の言葉の意味を選びましょう *					5ポイント
	幼なじみ	激しく怒った り興奮したり すること	ひどく悔しが ること	遠慮する	うろたえるこ と。不安
いきり立つ	○	○	○	○	○
動揺する	○	○	○	○	○
じたんだを踏 む	○	○	○	○	○
はばかる	○	○	○	○	○

図4　フォームで作成したチェックテスト

(2)「作品レポート」ルーブリック

　生徒が単元末にまとめる「作品レポート」を評価するために，ルーブリック（評価する
程度を示すものさし）を作成した。

　「作品レポート」には，身に付けたい力を勘案して四つの要素が必要であると考えた。
これに合わせてレポートにも同一の観点（以下，①〜④）を設け，S〜Cの四つのレベ
ルで判断をした。

　なお，生徒には，事前にこのルーブリックを提示して意識付けをさせ，このルーブリッ
クをヒントとして「作品レポート」をまとめられるようにした。

	S：秀逸	A：優	B：おおむね満足	C：不十分
①問い	作品全体を貫く オリジナリティ ある問いを設定 し	作品全体を貫く 問いを設定し	問いを設定し	問いが明確でな い
②物語を味わう 用語	物語を味わう用 語を複数駆使し て	物語を味わう用 語を複数使って	根拠を複数あげ て	物語を味わう用 語を使っていな い
③根拠となる叙 述	効果的な根拠を 複数あげて	根拠を複数あげ て	根拠をあげて	根拠をあげてい ない
④説得力ある解 釈	説得力がある論 を，より深く展 開している。	説得力のある論 を述べている。	筋の通る論を述 べている。	論が矛盾してい る。説得力がな い

　①については，国語教科書（光村図書）巻末資料の「文学的な文章を読むために」を参
照させる。ここには，登場人物の設定，人物像，構成，場面，言動の意味，表現の効果な
どの用語が挙げられている。これらの用語を積極的に使って，自分の解釈を深めたり作品
の魅力をまとめたりするように指導した。

（渡辺　光輝）

読書を「自分づくり」に
役立てよう
～「走れメロス」を通して読書の楽しみを学ぶ～

1 単元の目標

● 本や文章には様々な立場や考え方が書かれていることを知り，自分の考えを深める読書に生かすことができる。　　　　　　　　　　　〔知識及び技能〕(3)エ

● 目的に応じて複数の情報を整理しながら適切な情報を得たり，登場人物の言動の意味などについて考えたりして，内容を解釈することができる。

〔思考力，判断力，表現力等〕C(1)イ

● 文章を読んで理解したことや考えたことを知識や経験と結び付け，自分の考えを広げたり深めたりできる。　　　　　　　　　〔思考力，判断力，表現力等〕C(1)オ

● 学習内容を生かして自分の考えを整理し，考えの変容や広がりについて，進んで言葉でまとめようとする。　　　　　　　　　　〔学びに向かう力，人間性等〕

2 単元の設定

(1) 単元設定の理由

　本単元では，国語科において読書を通し，文学的な文章を読む力を身に付けるとともに，言葉を学び，感性を磨き，表現力を高めることで，読書を自分づくりに役立てる学びとすることを目指した。これは自分の人生を自らの手で切り拓こうとするたくましい態度の育成にもつながる。

　読書は，知識や情報を得るだけのものではなく，自分の生き方を考えるきっかけを生み，社会との関わり方を支える存在となり得るものである。読書を中心に据えた三つの単元を通して，「読むこと」から「書くこと」へと育成を目指す資質・能力や言語活動が展開していく中で，読書の楽しさや意義を実感させ，自分づくりにつなげることをねらいとした。本単元はその最初の段階に当たるものである。文学作品の人物像を捉えたり作品のテーマを考えたりする活動を通し，本や文章には様々な立場や考え方が書かれていることを知り，自分の考えを広げたり深めたりする読書に生かす資質・能力の育成を目指した。

(2) 単元展開の特色

　本実践では「読書」を中心に据えた三つの単元を連結させて，一貫して「自分づくり」に関する力を育成した。本単元では「走れメロス」という共通の作品を読むことで，同じ文章を読んでも人により解釈が異なることを学ぶ。この中で生徒は，「走れメロス」の，

例えば「友情」や「更生」といった自分なりのテーマを見付ける。次の単元では，自分が見付けたテーマに関連する本を学校司書に勧めてもらい，その本のPOPを作成する。学習者は自分の関心と他者から勧められた文章とを比較しながら読み，自分の考えを深める。更に，最後の単元では，自分で本を選び，本の中の印象に残った1行と自分の経験を関連付けて本の紹介文を書くことで読書の世界を広げていった。

　この一連の学習の最初の段階である本単元では，「走れメロス」の人物像を捉えたり作品のテーマを考えたりする活動を通し，本や文章には様々な立場や考え方が書かれていることを知り，自分の考えを広げたり深めたりする読書に生かす資質・能力を身に付けられるように学習内容を設定した。また，本単元では「小説を読み，引用して解説したり，考えたことなどを伝え合ったりする」言語活動を随所に取り入れて指導の充実を図ったが，そのまとめとして単元の終わりに「100秒でわかる『走れメロス』」という発表の場を設けた。これは自分の考えを他者に説明するという目的に向け，生徒が自らの考えを明確なものとしていくこと，また，最後には学習を通して明確になった考えを発表することができたという事実から，学びの成果を実感できるようにすることをねらったものである。

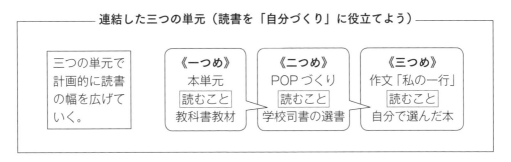

連結した三つの単元（読書を「自分づくり」に役立てよう）

3 評価

(1) 評価規準

知識・技能	思考・判断・表現	主体的に学習に取り組む態度
①本や文章などには，様々な立場や考え方が書かれていることを知り，自分の考えを広げたり深めたりする読書に生かしている。	①「読むこと」において，登場人物の言動の意味などについて考え，内容を解釈している。 ②「読むこと」において，文章を読んで理解したことや考えたことを知識や経験と結び付け，自分の考えを広げたり深めたりしている。	①学習内容を生かして自分の考えを整理し，考えの変容や広がりについて，進んで言葉にまとめようとしている。

(2) 評価方法のポイント

● 「私にとっての主人公」の日記を書かせ，その記述を確認することにより，話の内容や展開をどの程度理解しているか，登場人物の心情の変化とそのきっかけとの因果関係を捉えているかを確認する。話の展開などで大きな捉え違いがある場合は声かけする。

●主人公像や「私にとっての作品のテーマ」を模造紙にまとめさせることにより，自分たちの考えを見える化していく。ここでは考えをまとめてから模造紙を書くのではなく，模造紙を書きながら考えをまとめていく。よって模造紙の見映えの出来は評価の対象とはしない。

●発表「100秒でわかる『走れメロス』」を，各班で考えた主人公像や作品のテーマをクラス全体で共有する場として活用する。自他の考えを比較することにより，同じ作品を読んだ場合でも様々な読み方や考え方があることを知り，単元の振り返りに生かす。

4 単元の指導計画（全6時間）

時	学習内容	学習活動	評価規準
1	●単元目標と授業の流れ，及びこの単元での言語活動を理解する。	①単元目標と今後の授業の流れを知る。 ②本文を通読し，疑問と感想をワークシートに書く。	★登場人物の心情や考え方が現れた語句に注意して，作品を読んでいる。 知
2	●メロス，セリヌンティウス，ディオニスのそれぞれが主人公である可能性について検討する。 ●登場人物の人物像とそれぞれの相互関係を捉える。	③班ごとに3人の中から「私にとっての主人公」を決め，本文から読み取れる情報を基にして，その人物の日記を書く。 ④付箋を使って，主人公の人物像を出し合う。	★場面ごとの会話や描写から，登場人物の心情や関係の変化に注目して作品を読み進めている。 知 ★「自分たちにとっての主人公」を決める根拠を，登場人物の相互関係や心情の変化の中から見付けている。思①

時	学習内容	学習活動	評価規準
3	●主人公像や「私にとっての作品のテーマ」をまとめる。	⑤「私にとっての主人公」の人物像や，その人物が主人公である理由，そこから見えてくる作品のテーマなどを模造紙にまとめる。	★それぞれの登場人物について，主人公である根拠を示しながら模造紙やワークシートにまとめている。思①
4・5	●「100秒でわかる『走れメロス』」の発表内容の検討及び発表リハーサルを行う。	⑥「自分たちにとっての主人公」の可能性と「自分たちが考える作品のテーマ」を踏まえ発表の構成を練る。	★学習課題に沿って，その根拠を含め，自分たちの作品の読み方を伝え合おうとしている。 態

時	学習内容	学習活動	評価規準
6	●「100秒でわかる『走れメロス』」を発表し，振り返る。	⑦発表を聞き，発表内容と本単元の学びを振り返る。	★これまでの学習の成果から，自分の考えを整理し，自分の変容に対する気付きや，考えの広がりを振り返りシートにまとめている。思②

5 本時の展開①〔第2時〕

(1) 本時の目標

● 登場人物の言動や相互関係，場面の展開を確認しながら「私にとっての主人公」の日記を書くことができる。

●「私にとっての主人公」の日記を基にして，登場人物同士の相互関係を捉えることができる。

● 登場人物に関わる情報を積極的に整理し，学習課題に沿って主人公像をまとめようとする。

(2) 本時の指導案

学習活動	指導上の留意点	評価（方法）
導入（5分）主人公とは何かを考える。		
①活動班をつくり，各班が担当する「私にとっての主人公」を決める。	●本単元における「主人公の条件」を確認する。 ●今後の学習で自分たちの班が中心的に扱う人物（「私にとっての主人公」）をメロス，ディオニス，セリヌンティウスの中から抽選で決める。	★様々な主人公の捉え方があることを理解している。 知 （発言）
展開（35分）主人公の日記を書く。		
②「私にとっての主人公」の言動に着目して文章を読み直し，その人物の日記を書く。 ③それぞれが書いた日記を班内で読み比べる。	●登場人物の言動や相互関係，場面の展開を確認しながら日記を書かせる。 ●3人の相互関係を捉えやすくするために相関図をつくりながら日記を書くように指導する。	★主人公の心情を考えながら日記を書いている。 知 （日記の記述） ★登場人物の相互関係を捉えている。 思① （ワークシートの記述）
まとめ（10分）日記を基にして，主人公像をまとめる。		
④日記を基にして主人公像をまとめる。	●心情語を中心に語句の意味を辞書で確認しながら，Ｙチャートに主人公像を整理するよう助言する。	★進んで主人公像をまとめようとしている。 態 （行動の観察）

(3) 本時展開のポイント

①「主人公」とは何か

　そもそも小説の主人公とは何か。本時の導入で確認した。短い話合いの時間を設けた後，生徒たちに聞くと，「目立つ人」や「たくさん登場する人」といった声が上がる。次に「走れメロス」の主人公は誰なのか尋ねると，多くがメロスと答える。主な理由は二つで，登場回数が多いことと題名にその名が付いていることである。生徒の指摘を認めつつ，ここ

では小説の読み方として，登場人物の心情の変化やその原因となる出来事に注目したいことを伝え，主人公の条件を以下の3点に整理した。

●物語中の出来事に積極的に関わっている人物

●出来事による心情の変化が大きく，物語を通して最も成長している人物

●描写回数が多い人物

　これらの条件は絶対的なものではなく今回の学びを進めていく上で必要としたものであること，これら3点に優先順位はないが，描写回数の多さだけを理由として主人公の決定の根拠とはしないことを説明してから学習をスタートした。

②主人公の日記を書き，主人公像のまとめに生かす

　まず，作品に描かれた内容を日記風に書き直す。ここで，主人公とした登場人物の心情の変化に注目し，その原因となる出来事を確認したり，登場人物同士の相互関係を捉えたりする。書き上がった日記は班内で読み比べる。その後，日記の中から特に主人公の人物像に関連する内容を付箋に書き出し，これを思考ツールのYチャートを使って「精神的な成長」「立場の変化」「事件にかかわる積極性」の3観点に付箋を分類し整理していく話合いの活動を行う。

　この際，例えば「憫笑」や「嘲笑」という言葉は単に笑うのではなく，相手に対する心情を含んだ言葉であることを確認する。このような言葉の意味を丁寧に辞書で確認していくように声かけすることにより，生徒たちは本文に根拠を求め，その言葉の使い方から理由付けし，人物の相互関係を見いだすことができるようになる。これは本時を生かし，次時で主人公像や作品のテーマに迫り，班としてまとめていくためにも必要なことである。

6 本時の展開②〔第3時〕

(1) 本時の目標

●主人公を決める根拠を作品のテーマと関連付けて考えることができる。

●「私にとっての主人公」や「私にとっての作品のテーマ」を説明する上で効果的な「印象に残る一行」を抜き出すことができる。

●進んで理解したことを報告したり他者の考えやその根拠などを知ったりして，改めて自分が文章をどのように解釈したのかを振り返ろうとする。

(2) 本時の指導案

学習活動	指導上の留意点	評価（方法）
導入 （5分）前時の振り返り		
①「私にとっての主人公」に関するYチャートを見返し，内容を確認する。	●Yチャートが本単元で示した主人公の条件に基づいた記述内容の分類になっているか確認させる。	★情報と情報との関係の表し方を理解している。 知 （行動の観察）

展開（40分）主人公像からテーマを考える

②主人公について検討し，考えをまとめる。	●主人公の条件と本文から読み取れる内容により人物像をまとめるよう指示する。	
③「印象に残る一行」を抜き出す。	●「印象に残る一行（一部分）」とは，作品全体を象徴する表現，一文で全体を示すことができる言葉であることを理解させる。	
④作品のテーマを検討する。	●読み取った人物像を基に，その人物が主人公であるとした場合の作品のテーマはどのようなものになるかという内容で話し合うよう指示する。	★主人公像に基づきテーマを考えている。**思①**（行動の観察）

まとめ（5分）本時の振り返り

⑤「私にとっての主人公」像への深まりを確認する。	●話合い前後の「私にとっての主人公」像を比較し，考えの深まりを実感できるようにする。	★自分の考えの変化を進んでまとめようとしている。**態**（振り返りシートへの記述）

⑶ 本時展開のポイント

①模造紙に自分たちの考えをまとめていく

　ここでは，話合いを通して「私にとっての主人公」の人物像やその人物が主人公である理由，そこから見えてくる「私にとっての作品のテーマ」などを考える。

　主人公像については前時のＹチャートを活用して話し合う。既に本単元で示した「主人公の条件」に基づいてその条件に合致する記述を抜き出し分類してあるので，これを整理していくことで，班で担当する人物が主人公である理由を明確にしていく。

　テーマの検討段階に入った生徒には，本文の具体的な描写に基づいて，より抽象的な言葉で表現できるように指導する。このことにより，「走れメロス」の全体像をイメージとして捉えることができるようになり，他者に作品の説明をする際にも活用できるようになる。事前に，例えば有名なアニメ映画のタイトルとその宣伝用のキャッチコピーをセットで紹介しておくと生徒の理解はスムーズになる。

　生徒たちは模造紙作成の過程で，何度も具体化と抽象化の行き来をすることになる。本文の具体的な記述や読み取った人物像を作品のテーマに結び付けていくことで，言葉を学び，感性を磨き，表現力を高める学びともなる。

　本時の活動後は，今回作成した模造紙を基に「100秒でわかる『走れメロス』」の発表に向けた準備をする中で，主人公の人物像や作品のテーマに対する考えをブラッシュアップさせていく。生徒たちは同一の内容について模造紙の作成から発表の準備へと形を変えて思考し続けることで，自らの考えをより確かなものしていくのである。

②「書くこと」の指導への展開

　模造紙の中には，本文の中から「自分たちにとっての主人公」や「自分たちにとっての

作品のテーマ」を説明する上で効果的な「印象に残る一行（一部分）」を抜き出して記す。抜き出した「印象に残る一行（一部分）」は「100秒でわかる『走れメロス』」の発表時に自らの作品の捉えを象徴的に説明できる重要なキーワードとなることを説明した上で言葉を選ばせる。

　「印象に残る一行（一部分）」は本単元の後に行う「書くこと」の指導でも用いる。この「書くこと」の指導は，自分づくりを目指す一連の指導の締め括りに当たるもので，自分で選んだ本を読み，印象に残る1行（部分）を抜き出し，作文を書くものである。このとき，抜き出した言葉と自らの経験を照らし合わせることにより，自らの行動を振り返り今後に生かす姿勢を養う。印象に残る1行を見付けることは，読書を自分づくりにつなげていくことを目的とした本単元にとって重要な取組の一つとなる。

7 生徒の学びの姿

(1)「私にとっての主人公」の変化

　誰が「走れメロス」の主人公なのか。初読後の第2時の冒頭で取ったアンケートではメロスが51%，ディオニスが43%，セリヌンティウスが6%という結果であった。これが，振り返り時にはメロス44%，ディオニス38%，セリヌンティウス18%となり，実に41%の学習者が「私にとっての主人公」を変化させた。「信じる者は救われる」というテーマを見いだした生徒は，メロスからセリヌンティウスに主人公を変更させた。メロスが走ったのはセリヌンティウスがメロスを信じたからであり，その結果としてディオニスも苦しみから解放されたと作品を解釈した。また，主人公を変化させなかった生徒も，その理由には変化があった。メロスが主人公であることに変わりはないものの，メロスが走る理由を「自分のため」から「自分が王の気持ちを変えるため」と変化させた生徒は，日記を書く活動を通して，登場人物の相互関係に気付くことができた。

　題名にある人名や作品内の登場回数にとらわれることなく，本文の記述内容に根拠を求めながら読みを進めることができた生徒が多かったようである。

(2) 本単元の学びを深める POP づくり

　本単元に引き続き，学校司書から勧められた本を読み POP を作成する活動を行った。POP づくりは「文章を読んで理解したことや考えたことを知識や経験と結び付け，自分の考えを広げたり深めたりすること」（C(1)オ）という指導事項と結び付けやすい言語活動であり，今回もこの実現をねらいの一つとしたが，ここでは更に，
● 「走れメロス」での学びを確認し，定着させること
●読書の幅を広げること
を意識して取り組むこととした。印象に残った1文や自ら感じ取ったテーマを中心に据えて POP を作成することにより「走れメロス」での学びの確認，定着を図った。生徒たちは「走れメロス」とは違った作品を読み，POP づくりという前回の発表とは違った言語活動を行っているのだが，学習の中身は反復しており，これにより，より着実な学びの定

着を図った。また，学校司書という他者から勧められた本を読むことで読書の幅を広げることもねらった。学校司書とは，事前に生徒たちが考えた「走れメロス」のテーマを共有し，そのテーマに沿った選書をお願いした。これは「走れメロス」での学びを生かし，意図的に読書の幅を広げていくためである。

　学校図書館で行った読書の場面では，水を打ったような静けさの中，一斉に本を読む生徒の姿があった。POPの作成後にはこれまで学校図書館では見かけることのなかった生徒の姿が見られるようになった。学校司書との会話も生まれ，更なる本の紹介を求める声や，読後の感想を知らせる声が聞こえてきた。

8 資料

⑴「私にとっての主人公」「私にとっての作品のテーマ」を検討するための模造紙（第3時作成の模造紙）

　ディオニスを担当したある班は「私たちが考える作品のテーマ」について深く検討した。この班はメロスとセリヌンティウスをディオニスの変化・成長のきっかけと捉え，最終的に「利用」という言葉を使った。これは本文の中からディオニスの「事件にかかわる積極性」を捉えたためであった。

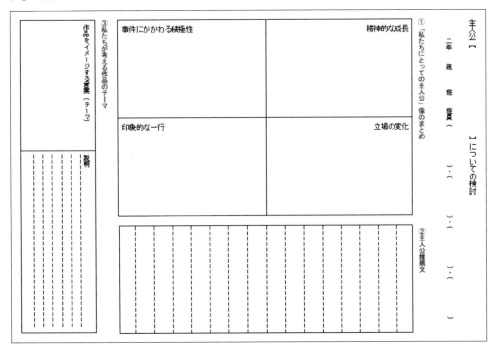

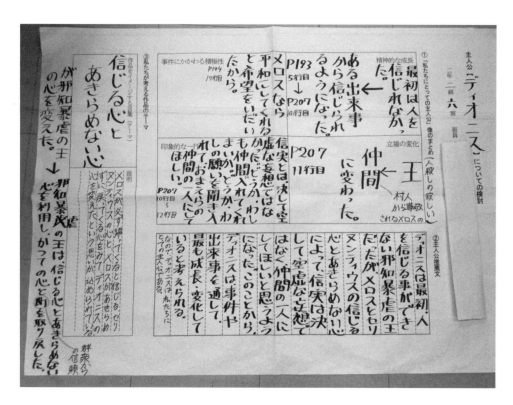

(2) 本単元に続く POP 作成での選書リスト及び生徒が作成した POP

○選書の条件

●学校図書館の蔵書としてあるもの

●自分づくりの糧となるテーマを有するもの

● 20 分以内に読み切ることのできる短編小説，物語

生徒が「走れメロス」から 読み取ったテーマ	生徒たちが考えたテーマを基に学校司書に 勧めてもらった作品の例
約束	『山の上の火』（「エチオピアの昔話」より）
希望	『パンドラ』（「ギリシャ神話」より）
信頼	『白』（芥川龍之介）
裏切り	『一房の葡萄』（有島武郎）
愛	『賢者の贈り物』（オー・ヘンリー）
恐ろしさ	『死神の名付親』（「グリム童話」より）
誠実	『老人をすてる国』（「今昔物語」より）
友情	『小さなお嬢さまのバラ』（ファージョン）
期待	『蜘蛛の糸』（芥川龍之介）

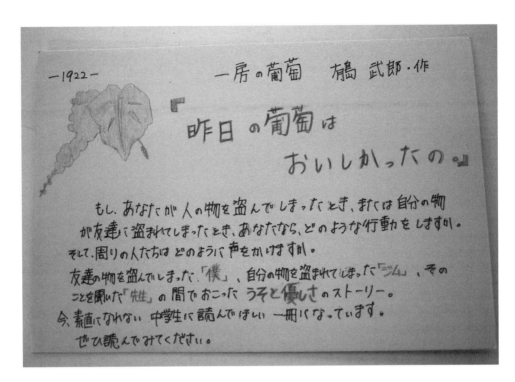

　読み取ったテーマ「うそと優しさ」を推薦対象『素直になれない中学生』と結び付けた
POP。小説を読んで理解したことと自らの経験を結び付けた上で，他者に読書を勧めてい
る。

〈青柳　孝志〉

作品素材との比較読みを通して読みを深める

1 単元の目標

● 叙述の比較によって登場人物や場面の設定の違いを明らかにし，そこから導かれる解釈と根拠の関係を理解することができる。　　　　　　　　　〔知識及び技能〕(2)ア

● 「走れメロス」と「人質」とを比較し，文章の構成や表現の効果について考えることができる。　　　　　　　　　　　　　　　　〔思考力，判断力，表現力等〕C(1)エ

● 「走れメロス」と「人質」の違いに興味をもち，考えたことを積極的に交流しようとする。　　　　　　　　　　　　　　　　　　　〔学びに向かう力，人間性等〕

2 単元の設定

(1) 単元設定の理由

　本単元は，文学作品を読解する上で，作品素材と比較し，作者がリライトした部分の効果について考えることで，作品の解釈を深めることを目指す実践である。文学作品の読解において，個々の叙述を根拠とした解釈を結び付け，登場人物の人物像や変容の在り方，作品の主題に迫ることは大切である。また，作品全体への捉えが，個々の部分の解釈に働く場合もある。こうした部分と全体の読みを行き来させながら，作品の理解を深めていく力を身に付けさせたい。

　「走れメロス」は，ギリシャの伝説「ダーモンとフィンテヤス」と，ドイツの詩人シラーの「人質」を基に，太宰治によってつくられた。中でも，小栗孝則訳編『シラー詩抄』所収の「人質　譚詩」は表現面で「走れメロス」との共通点が多く，作者が直接素材としたものと考えられている。「走れメロス」と小栗版「人質」との関連について，高山裕行氏は次のように述べている。

　両者の表現上の類似点は余りにも多い。意識して書いたのでなければ，決してこのような似かたはしないはずである。こう考えれば，『走れメロス』を書くにあたって太宰が下敷に用いたのが，小栗孝則訳『人質』であることは，ほぼ間違いないと思われる。
　　　　（高山裕行「走れメロス素材考」『日本文学』34 巻 12 号，1985 年）

　「人質」のメロスは一貫した正義の士である。一方，「走れメロス」のメロスは，単純で

独善的なところがある。途中で悪心をもち，セリヌンティウスとの約束を諦めようとさえする。そんな人間的な弱さをもつメロスが，友の信頼に応えるために，王城までたどり着き，ついに約束を果たすという展開になっている。こうした面から，「走れメロス」は「人質」を「人間の弱さを肯定し，それを克服していくことの尊さ」を主題とした作品に昇華させたものだということができる。

　「人質」と「走れメロス」を比べると，作者の様々なリライトが見られる。これは「人質」と異なる主題の作品につくり替えるための作者の仕掛けである。生徒には，この2作品を比べ読みさせることで，違いを発見させる。そして，作者のリライトの効果について，生徒自身が課題を立て，その課題を解決していく過程を通して，主題や作者の意図に迫らせたい。こうした活動は，表現に意識的に立ち止まり，自力で読みを深めていく読者の育成につながるものと考える。また，作者への興味を深め，作者の魅力を味わう効果も期待できる。

⑵ 単元展開の特色

　「走れメロス」と「人質」を比較させやすいように，それぞれの本文を上下に配置し，同じ場面ごとに区切ったテキストを使って学習を進める。2作品を読んだ後，単元全体を通して追究する中心課題として「リライトにより，『走れメロス』はどのような作品になったのだろう」という問いを提示する。その後，リライトされている部分を見付けさせる。その際，内容的に作者が新たに付加した点と変更した点に着目して見付けるように指示する。

　作者の付加した点としては，冒頭のシラクスの場面や最後の少女が登場する場面，メロスと王のやり取り，メロスの数々の心理描写などがある。有無がはっきりしているため，生徒は見付けやすい。

　一方，変更した点とは，「人質」にある内容を作者が別の内容に変えた部分を指し，今回は特に人物設定と場面設定の変換に注目する。具体的には，フィロストラトスの立場がメロスの忠僕からセリヌンティウスの弟子に変わっていること，結末の場面で王の居場所が王城から刑場に変わっていることなどを取り上げる。

　この「付加」と「変更」は，作品の読解においてどちらも重要であるが，今回は特に「変更」に注目させたい。「変更」の部分は，「人質」の内容と比較することができる。そのため，「AからBに変わったことにはどのような意味があるか」「なぜ，『人質』の内容のままではいけなかったのか」という視点から，個々の叙述の効果を吟味させることができるからである。

　また，本単元では，中心課題を解決するための小課題を生徒自身で設定する。そして，追究の過程で，解釈した内容を「人質」の場合と比較する活動を採る。その際，生徒が多角的な視点から考えを深めていけるよう，級友との交流の場を設ける。

3 評価

(1) 評価規準

知識・技能	思考・判断・表現	主体的に学習に取り組む態度
①叙述の比較によって登場人物や場面の設定の違いを見付け、そこから導かれる解釈と根拠の関係を理解している。	①登場人物の心情や変容を捉え、人物像や作品の主題について考えをもっている。 ②人物像や主題の形成に結び付く文章構成や表現の効果について考えをもっている。	①リライトされた部分から作品の主題や作者の意図を積極的に読み取ろうとしている。

(2) 評価方法のポイント

● 作品素材である「人質」と「走れメロス」を比較し、リライトされた部分に気付いているかについて、本文テキストへの書き込みや授業中の発言を中心に評価する。

● メロスと王の変容、リライトの意味や効果を正しく理解できているかについて、授業中の発言やノートの記述を中心に評価する。

● リライトされた部分の解釈から、作品の主題について自分の考えをもっているかについて、中心課題について考えをまとめた文章や級友との交流の様子を中心に評価する。

4 単元の指導計画（全9時間）

時	学習内容	学習活動	評価規準
1	●「走れメロス」を読み、学習への意識をもつ。	①「走れメロス」や作者について知っていることを確認する。 ②「走れメロス」を通読する。 ③初発の感想を書く。	★「走れメロス」の学習に興味をもち、意欲的に学習しようとしている。 態
2	●「人質」を読み、「走れメロス」との違いを見付ける。	④「人質」を通読する。 ⑤リライトされた部分を各自で見付け、本文に線を引き、気付いたことをメモする。	★2作品を比べて読み、違いに気付いている。 知
3	●2作品の違いを整理し、リライトの効果や作者の意図を読み取るための学習課題を立てる。	⑥各自で見付けた違いを出し合い、整理する。 ⑦⑥を基に学習課題を立てる。	★見付けた違いから、中心課題を追究するための学習課題を立てている。 思①
4	●小課題①「メロスと王様を比べるとどんなことがわかるだろう」に取り組む。	⑧メロスと王の変化の共通点を確認する。 ⑨メロスと王の関係性が「人質」のそれとは異なることを確認する。	★リライトされた部分に着目することで、「走れメロス」におけるメロスと王の共通点に気付いている。 思①

5	●小課題②「フィロストラトスに関する変更にはどんな効果があるのだろう」に取り組む。	⑩フィロストラトスの立場の変更に着目し，2作品における心情の違いについて考える。 ⑪人物設定の変更による作品全体への効果について考える。	★フィロストラトスの心情を読み取り，変更の効果について考えをもっている。 思② ★表現の効果についての考えとその根拠との関係を理解している。 知
6	●小課題③「『何だか，もっと恐ろしく大きいもののため』と語ったメロスの心情はどのようなものだったのだろう」に取り組む。	⑫メロスが走った理由を整理し，「人質」と比較する。 ⑬「何だか，もっと恐ろしく大きいもの」が何かについて意見をもつ。	★叙述や前後の内容を踏まえ，メロスの走る理由を読み取っている。 思①
7	●小課題④「刑場の場面のリライトにはどんな効果があるのだろう」に取り組む。	⑭王の居場所に関する変更とメロスたちの言動に関する付加に着目し，メロスや王の心情を考える。 ⑮場面設定の変更による作品全体への効果について考える。	★メロスや王の心情を読み取り，リライトの効果について考えをもっている。 思② ★表現の効果についての考えとその根拠との関係を理解している。 知
8	●中心課題に対する自分の考えをまとめる。	⑯中心課題について自分の考えを600字程度で書く。	★これまでの学習を踏まえ，自分の意見を書いている。 思②
9	●中心課題について話し合い，作品の主題やリライトの効果について考えを深める。	⑰各自の文章を読み合い，意見交換する。 ⑱⑰を通して考えが深まったことを追記する。	★交流において級友の考えを積極的に聞いたり，自分の考えを述べたりしている。 態

5 本時の展開①〔第5時〕

(1) 本時の目標

●リライトの効果に対する考えとその根拠の関係を理解することができる。

●フィロストラトスの心情を読み取り，変更の効果について自分の考えをもつことができる。

●級友と積極的に交流して，自身の考えを深めようとする。

(2) 本時の指導案

学習活動	指導上の留意点	評価（方法）
導入 （5分）本時の学習内容を確認する。		
①学習課題と授業で留意すべき点を確認する。 ②読みの対象とする中心	●中心場面の主な変更を確認する。	★叙述の比較から場面設定の違いを理解している。 知 （ワー

| 場面を音読する。 | | クシートの記述) |

展開（30分）フィロストラトスの立場が変更されたことで，どんな心情の違いが読み取れるか考える。

| ③フィロストラトスが，メロスに走るのをやめるように言ったときの心情を考える。
④刑場でのセリヌンティウスの様子をメロスに伝えたときの心情を考える。 | ●フィロストラトスの立場の違いに着目し，班ごとにそれぞれの立場に分かれて考えるように指示する。
●2作品の違いを把握しやすいよう，比較して板書する。 | ★意欲的に話合いに参加している。 態 （様子）
★フィロストラトスの心情の違いを自分の言葉でまとめている。 思① （ワークシートへの記述） |

まとめ（15分）フィロストラトスの人物設定の変更の効果を考える。

| ⑤人物設定の違いを根拠として，考えを発表し合う。 | ●フィロストラトスがメロスに与える影響が「人質」とどう違うかという視点から考えるよう助言する。 | ★考えたことを自分の言葉でまとめている。 思② （ワークシートへの記述）
★表現の効果についての考えとその根拠との関係を理解している。 知 （発言） |

(3) 本時展開のポイント

①立場の違いによるフィロストラトスの心情の違いを，学級で分担して捉える

　フィロストラトスの立場が，「人質」ではメロスの忠僕だったのに対し，「走れメロス」ではセリヌンティウスの弟子に変更されている。一方，フィロストラトスとメロスとの会話は，表現の違いはあるものの，フィロストラトスが，メロスに走るのをやめるように言った点と，メロスを信じ続けたセリヌンティウスの刑場での様子をメロスに伝えている点で共通している。フィロストラトスはどちらも同じようなことを言っているのであるが，立場が異なることで，その会話から読み取れる心情は変わってくる。

　本時では，学級を二手に分け，それぞれの立場からフィロストラトスの心情を考え，意見を交流させる。予想される生徒の反応を以下に示す。

作品	走るのをやめるように メロスに言ったこと	刑場でのセリヌンティウスの様子を メロスに伝えたこと
人質	●自分の主人に死んでほしくない。 ●自分にとっては，主人の命が第一。	●2人の信頼関係が壊れていないことを伝えることで，つらい気持ちでいるメロスを慰めたい。
走れメロス	●メロスが死ねば，大切な師の死が無駄になってしまう。 ●師が大切に思う人を死なすわけにはいかない。	●友を信頼し続けた師の崇高さをメロスに伝えたい。 ●そんなにすばらしい師を死に追いやったメロスを責めている。

これを確認した上で,「なぜフィロストラトスの立場を変える必要があったのか」と問い,人物設定の変更の効果を明らかにしていきたい。

②フィロストラトスの立場という人物設定の変更の効果について考える

フィロストラトスの立場をセリヌンティウスの弟子に変えたからこそ,メロスは心の奥にあった自身の走る理由を表面化できたのだということに気付かせたい。

フィロストラトスはメロスに「お恨み申します」と言っている。これは「人質」にない付加である。敬愛する師匠が死ぬ原因をつくったメロスをフィロストラトスは恨んでいる。しかし,師匠の死を無駄にしたくないがために,フィロストラトスはメロスを止めようとする。そして,割り切れない痛切な思いをもって,メロスに師匠の姿を伝える。だから,その言葉はメロスの胸に響くのである。一方,「人質」のフィロストラトスはメロス側の人間であり,メロスに生きてもらうことこそが大切である。そんな忠僕の言葉だったならば,メロスの胸に同じようには響かない。

セリヌンティウスの様子をフィロストラトスから聞いたメロスは,次のように告げる。「それだから,走るのだ。信じられているから走るのだ。間に合う,間に合わぬは問題でないのだ。人の命も問題でないのだ。私は,なんだか,もっと恐ろしく大きいもののために走っているのだ。(以下略)」

ここもまた,「人質」にはない,付加された部分である。フィロストラトスの痛切な思いを受け取ったメロスが発したこの言葉が,作品全体の主題へとつながっていくことに気付かせたい。

6 本時の展開②〔第7時〕

(1) 本時の目標

●リライトの効果に対する考えとその根拠の関係を理解することができる。

●メロス,セリヌンティウス,王の心情を読み取り,リライトの効果について自分の考えをもつことができる。

●級友と積極的に交流して,自身の考えを深めようとする。

(2) 本時の指導案

学習活動	指導上の留意点	評価（方法）
導入 （5分）本時の学習内容を確認する。		
①学習課題と授業で留意すべき点を確認する。 ②読みの対象とする中心場面を音読する。	●中心場面の主なリライトを確認する。	★叙述の比較から場面設定の違いを理解している。 知 （ワークシートの記述）
展開 （30分）リライトされた部分に着目し,登場人物の心情について考える。		
③メロス,セリヌンティウス,王の心情について話し合う。	●「メロスとセリヌンティウスの心情」と「メロスたちを見ていた王様の心情」の2観点について話合いを進め	★意欲的に話合いに参加しようとしている。 態 （様子）

		★各人物の心情を捉え，まとめている。思① （ワークシートへの記述）
	●メロスとセリヌンティウスの言動が王の心情に影響を与えていることが分かるよう，板書を工夫する。	

まとめ （15分）王の居場所に関する場面設定の変更の効果を考える。

④場面設定の違いを根拠として，考えを発表し合う。	●場面設定が王城と刑場の場合とで比較し，王城だからこそ起こり得たことが何かという視点から考えるよう，助言する。 ●既習内容をまとめた黒板を提示し，これまでの学習内容を振り返り，複合的に考えさせる。	★考えたことを自分の言葉でまとめている。思② （ワークシートへの記述） ★表現の効果についての考えとその根拠との関係を理解している。知 （発言）

⑶ 本時展開のポイント

①三者の心情を学級で分担して捉える

　刑場の場面の主なリライトは2点ある。一つは，メロスとセリヌンティウスが，不信に一度陥ってしまったことを互いに告白し，殴り合い，許し合ったことが付加されている点，もう一つは，王の居場所が王城から刑場に変更されている点である。これらのリライトを踏まえ，メロス，セリヌンティウス，王の心情について考えさせたい。その際，学級を二手に分け，「約束を果たしたメロスとセリヌンティウスの心情」と「メロスたちを見ていた王様の心情」をそれぞれ考えさせる。

　まず，メロスとセリヌンティウスの心情についてである。メロスたちが悪心をもち，それを互いに告白するシーンは「人質」には見られず，この作者の付加は，人間の弱さを肯定し，それを克服するという本作品の主題に大きく関わる部分である。ここでの2人の「うれし泣き」は，刑場に間に合い，約束を守れたことに対してだけのものではない。悪心を克服し，信実を守れたという喜びの涙であることに気付かせたい。

　一方，王についても，「人質」では，メロスが間に合ったことを伝え聞き，その結果に感動しているのに対し，「走れメロス」では，それだけとは言えないものがある。刑場にいると変更されたことで，メロスとセリヌンティウスの姿を，王は目の当たりにすることになる。不信に陥り，友を裏切ろうとした2人の姿に，王は自分自身を重ねたことだろう。そして，それを克服し，互いの弱さを許し合えたという点にこそ，王は希望を抱いたのだということに気付かせたい。

　その上で，王の居場所を変更した効果を考えさせていく。

②王の居場所という場面設定の変更の効果について考える

　まず，第4時での学習を予定している，メロスと王の類似点を確認する。生徒に把握させたい内容は以下のとおりである。

「走れメロス」では，人を信じて疑わなかったメロスが，悪心に陥り，そこから信実を取り戻した過程が描かれている。そして，彼の中での正義は，友との信頼を守るために全うされるものへと昇華した。

　また，「走れメロス」では，冒頭と刑場の場面の付加により，王の変容の過程も読み取れるようになった。冒頭の場面で，王自身が自分も平和を望んでいると発言している。また，実際に二年前のシラクスの町は平和な様子であったことが描かれている。しかし，老爺の証言から，王が人間不信に陥る何らかの事件が起きたことが推測される。そして，悪心に陥った王の心をメロスたちが変えた。さらに，群衆の歓声の描写から，その後の王の再生やシラクスの平和が予感される。

　こうした点から，メロスと王の変容の過程は類似しているといえる。

　以上のことを踏まえ，王を刑場に登場させたのは，メロスとセリヌンティウスとのやり取りを王自身に見させるためと，群衆が歓声を起こし，それを王自身に聞かせるためであったことに気付かせたい。

　その上で，王がメロスの仲間になりたいと考えた理由が2作品でどう違うかについて追究していく。「人質」では，悪として生きていた王が，正義を貫いたメロスに心を動かされ，自分も仲間に入れてほしいと思った。王は，自分との違いをメロスの中に発見することで，心を入れ替えたのである。一方，「走れメロス」では，メロスの中に自身との共通点を発見することで，王はメロスの姿に希望を抱いた。こうした解釈は作品の主題の把握に深く関連している。

　こうした解釈を通し，王の場面設定の変更が，作品全体の主題や人物像の捉え方に影響していることに気付かせたい。

７ 生徒の学びの姿

　第7時で王の心情について話し合っている場面を例に挙げる。

T1：刑場の場面のリライトにより，メロスたちに対する王様の見方はどう変わっていますか。

S1：付加された内容である「メロスたちが悪心を告白し合い，それを許し合う姿」を王様が直に見ている。

S2：「人質」では，メロスが間に合ったという結果を王城で伝え聞いただけ。

T2：メロスたちについて王様が見聞きしたことが違うということは，王様がメロスたちの仲間になりたいと考えた理由も変わってくるのかな？

S3：「人質」のメロスは，一貫して正義のままだから，悪である王様がその正義を貫く姿に心を動かされたといえる。

S4：「走れメロス」では，メロスが正義を貫いたことより，途中で悪心に陥ったことの
　　ほうが王様にとっては大事。

S5：メロスが大切な人の命を奪ってもよいと考えてしまったことを，王様は自分と重
　　ねたのだと思う。

S6：「人質」のメロスだと，王様は自分と違い過ぎて，仲間になろうとは思えなかった
　　かもしれない。悪心に陥る弱さに共感したからこそ，王様は仲間になりたいと思っ
　　た。

S7：2人が許し合えているという点も大事。悪に堕ちた自分も，もう一度，立ち直れ
　　るかもしれないという希望がもてたのだと思う。

S8：許されるという点では，群衆の歓声も王への許しにつながっているのではないかな。

S9：こうしたことは，王様が王城にいたままでは描けない。刑場にいるからこそ，2
　　人の姿を目の当たりにしたのだし，群衆の歓声だって聞けた。

　「走れメロス」の本文のみを教材として与えていたとしたら，王の心情に関する理解は
より表面的なものになっていたかもしれない。

　本実践では，「人質」と比較しながら作品を解釈していく活動が，生徒の解釈を深める
ことにつながったと考える。生徒は，群衆の歓声という付加が王の未来を暗示しているこ
とに気付き，それにより王とメロスの共通点に気付いている。その気付きから，仲間にな
りたいと言った王の気持ちにまで考えを広げている。また，王やメロスの各作品における
人物像の違いを捉えることで，より深い心情理解ができたといえる。そうした解釈を積み
重ね，生徒は場面設定の変更の必要性に気付いていくのである。

　こうした単元構成は，生徒の思考の深まりを促すとともに，文学作品の読解や作者への
関心を高める上でも効果的であった。

　次に，中心課題に対する生徒の反応例を載せる。

　「走れメロス」では，メロスの中での「正義」の意味が変わっていきます。初め，メ
ロスは悪者を正すことが正義であると，自分の中で一方的に考えていました。しかし，
最終的には，セリヌンティウスとの間の信頼に応えることが正義だという考え方に変わ
りました。それまで，独善的にものを考え，決めつけていたメロスが，人との間に生ま
れるものを大切にできるようになったのは信頼のおかげです。（中略）

　「人質」では，王は王城にいるため，メロスが刻限までに来たことしか知らされてい
ません。一方，「走れメロス」では，王は刑場にいるため，メロスとセリヌンティウス
のやり取りを見ています。二人は相手を疑うという悪心をもったことを告白します。王
は，これを見て，悪心を乗り越え，信頼し合う二人に感動したのです。だから，王様を
変えたのも信頼だったといえるでしょう。信頼がメロスと王様を動かし，成長させたの
です。

以上のことから、リライトにより、「走れメロス」は心の弱さを信頼によって乗り越える素晴らしさを描いた物語になったといえます。初めから完璧なヒーローでなくても、自分や他人を変えることができるという、全ての人に希望を与える物語になったと、私は考えます。

　この生徒は、人物の心情や主題を追究していく過程で、メロスの中での「正義」の捉え方が変化していることに注目した。本実践での学習が、同じ単語であっても文脈の中でニュアンスに違いが生まれることがあるという見方につながっている。また、どのような物語にしたいかという作者の意図が、様々な叙述に影響しており、そうした叙述の一つ一つから作品の主題や登場人物の人物像が形成されていくということにも気付いている。そのため、主題や人物像を捉えるために、重要な叙述に留意して読んでいこうとする姿勢につながっていく。

　この生徒は、今後、別の作品を読むときにも、これらのことを意識して読むことができるだろう。このように言葉を意識して読むことが「言葉による見方・考え方」を働かせているといえるのではないだろうか。

8 資料

○ 板書例（第7時）

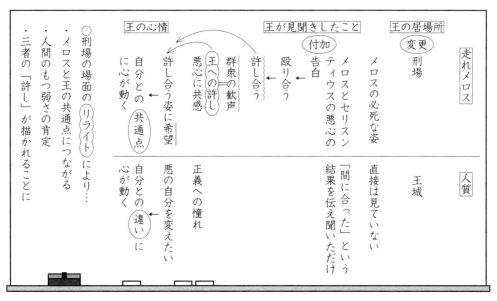

〈松田　明大〉

「走れメロス」を批判的に読む
～「群衆」に着目して～

1 単元の目標

● 小説にも様々な立場や考え方が書いてあることを知り，その理解を，自分の考えを広げ
たり，深めたりする読書と表現に生かすことができる。　　　　　〔知識及び技能〕(3)エ

● 「メロスは勇者か否か」を議論し，語りの演出性を読み取るために，必要な箇所を本文
から抜き出して，組み合わせ，内容を解釈することができる。

〔思考力，判断力，表現力等〕C(1)イ

● 「走れメロス」を批判的に読みながら，文章に表れているものの見方や考え方について
考えることができる。　　〔思考力，判断力，表現力等〕第3学年 C(1)イ（弾力的な指導）

● 「走れメロス」を批判的に読み，そこから得たものの見方や考え方を基に，書かれてい
ないことを別の視点から想像し，書こうとする。　　　　〔学びに向かう力，人間性等〕

2 単元の設定

(1) 単元設定の理由

　批判的に読むことの必要性が，以前にも増して叫ばれているが，批判的に読むとは，も
ちろん文章の欠点をあげつらうことではない。なぜそのように書かれているのか，疑問を
もちながら読むことである。私たちの行動や考えを，知らぬ間に規定してしまう図式（例
えば「勧善懲悪」など）に安易に取り込まれないためにも，説明的文章だけでなく，文学
的文章（小説）も批判的に読まれなければならない。

　「走れメロス」はこれまで，「メロスが，自分の弱さと向き合って己に打ち克つ物語」「王
がメロスとの出会いによって，元からの願いのとおり，改心する物語」など，メロス，セ
リヌンティウス，ディオニスの主要登場人物中心の物語として読まれてきた。しかし，だ
からこそ徳目的に読まされることも多く，それに対する反発から，生徒の読みの深まりを
妨げてきた側面がある。生徒が主体的に読むための仕掛けを考えたい。

　本単元は，学習指導要領において，第3学年に位置付けられている批判的な読みを，第
2学年で弾力的に扱う指導として，提案するものである。

　なお，ここで提案する実践は，高校2年生を対象として行った実践を基にしている。中
学から高校への発達を考えたとき，指示どおりに学習をこなす受け身の姿勢を早期に脱却
させる手立てが必要である。そのために，例えば「読むこと」では，内容を正確に理解し，

まとめるだけでなく，疑問をもちながら自分なりに考えることが，また「書くこと」でも，これまで小中学校で教えられた型を踏まえながら自分なりに表現することが必要となる。

　今回は，自立的な学びの獲得へ向けて，批判的に読むこと，及び自分なりに考えた結果を表現することに挑戦させたいと考え，この単元を設定した。

(2) 単元展開の特色

　今回は「メロスが勇者である」ことを正面から疑ってみることで，生徒が自分の読みを再検討し，思考を活性化することをねらっている。叙述を基にした話合いを経ることで，異なる立場の意見を交流させ，生徒の思考を引き出したい。

　加えて，背景的に描かれる「群衆」にあえて着目した。群衆は，メロスらの姿に涙し，王の改心に歓喜することで，メロスを勇者にしている。そこに着目することで，主要人物の視点を相対化しつつ，物語に新たな視点をもって参加させることをねらった。その具体として，例えば，授業の最後に「シラクスの一市民」の視点から，この物語を眺めさせたいと考えた。ただし，学習課題を授業者が一方的に提示し，生徒がこなすだけにならないよう，生徒の問いを有効に活用したい。

　批判的に読むことは，群衆を始めとする登場人物を，一方的に非難して終わってしまう危険も孕んでいる。そのような一方的な非難に陥らせないように，物語内の一市民の視点に生徒を立たせ，書かれていない空白を，生徒に想像させ，表現させたい。

3 評価

(1) 評価規準

知識・技能	思考・判断・表現	主体的に学習に取り組む態度
①小説にも，様々な立場や考え方が書かれていることを知り，自分の考えを広げたり，深めたりする読書と表現に，その理解を生かしている。	①「メロスは勇者か否か」それぞれの立場から考え，意見を伝えることで，小説について批判的に議論することができている。 ②「シラクスの一市民になって書く」という目的に合わせて本文に材料を探し，当事者としての臨場感をもって書いている。 ③批判的に読みながら，文章に表れているものの見方や考え方について考えている。	①批判的に読み，そこから得たものの見方や考え方を基に，別の視点から書かれていない部分を想像し，書こうとしている。

(2) 評価方法のポイント

●第1，5，6時に発見した「走れメロス」についての疑問から，作品を批判的に読むことができているかを見取る。

●議論の中で，本文を根拠に決められた立場から意見を述べられ，また相手の立場がどの

ような理由と根拠に基づいているか，吟味し確認することができているかを，議論の発言及び，ワークシートの感想から見取る。

●議論やメロスの勇者性の演出，群衆について考える過程で発見した多様な読みを参考にして，「走れメロス」の中の出来事を見つめる「一市民」の視点を，本文を基にした自分なりの想像で書こうとしているか，第7時の作文から見取る。

4 単元の指導計画（全7時間）

時	学習内容	学習活動	評価規準
1	●本文を通読し，初発の感想・疑問点を出す。	①疑問点を考えながら，教師の範読を聴く。 ②初発の感想と疑問点を書く。	★自分の疑問を大切にして読むことで，小説には様々な立場が書かれていることを理解している。 知
2	●「メロスは勇者か否か」について，与えられた立場から本文を基に議論する。 ※本時で主に扱う本文の範囲……Ⅰ：冒頭から結婚式を挙げるまで	③「メロスはなぜ王と約束したか」「その約束はどのようなものだったか」などの問いを基にⅠの本文内容を整理する。 ④指定された二つの立場に分かれて，叙述を基に話し合う（本時は4人グループ）。 ⑤各グループで出た意見を共有する。	★議論するために，必要な箇所を本文から抽出し，組み合わせて，内容を解釈している。 思①
3	●第2時に同じ。 ※本時で主に扱う本文の範囲……Ⅱ：結婚式の後から悪い夢から目覚め，再び走り出すまで	⑥「メロスを襲った困難はどんなもので，それにメロスはどう対応したか」などの問いを基にⅡの本文内容を整理する。 ⑦第2時④に同じ。本時は，前半は4人，後半は全体で議論する。議論の範囲はⅠ〜Ⅱ。	★第2時に同じ。 思①
4	●第2時に同じ。 ※本時で主に扱う本文の範囲……Ⅲ：再び走り出した場面から，最後まで	⑧「メロスはなぜ間に合い，王はどう反応したか」などの問いを基にⅢの本文内容を整理する。 ⑨第2時④に同じ。本時は，最初から全体で議論する。議論の範囲はⅠ〜Ⅲ。	★第2時に同じ。 思①

	学習活動	指導上の留意点	評価
5	●「メロスを勇者として演出しているものは何か」考える。	⑩「メロスが走る姿を懸命に見せている表現はどれか」を皮切りに，メロスの勇者性を演出する表現や記述を探す。 ⑪勇者性の演出の一つである，群衆についての疑問点を考える。	★「勇者性の演出要素」を発見することで，作品を批判的に読み，その中に見方や考え方を見いだしている。思③
6	●「シラクスの一市民」の視点に立つと，「走れメロス」の出来事はどう見えるか，考える。	⑫前時に出された群衆についての疑問点を入口として，群衆の視点に立つと物語がどのように見えるか，考える。	★群衆について疑問を抱き，それに答えることで，作品を批判的に読もうとしている。態
7	●「シラクスの一市民」の視点に立って，「走れメロス」最後の場面の一日についての日記を書く。	⑬課題について個人で考えたことを，一定時間交流した後，一斉に書き出す。	★「シラクスの一市民」になったつもりで，出来事について，自分なりに想像したことを日記として書いている。思②

5 本時の展開①〔第5時〕

⑴ 本時の目標

●本文を批判的に（問いをもちながら）読み，メロスの勇者性を演出する箇所を指摘することができる。

●メロスの勇者性を演出する表現や設定が，なぜそのような効果をもつのか，自分の考えを言葉にして説明できる。

⑵ 本時の指導案

学習活動	指導上の留意点	評価（方法）
導入 （5分）前時までの議論を振り返り，本時の学習の流れを理解する。		
①前時までの議論で出された勇者派・非勇者派の意見を想起し，問題提起を受け止める。	●「メロスは勇者でない」とも読めるのに，なぜ読者はメロスを勇者として読んでしまうのか（初発の感想なども適宜紹介しつつ），本文から考えることを促す。	★前時までの議論の内容を適切に把握・理解している。知（発言）
展開 （35分）メロスの勇者性を演出する要素を本文から探る。		
②メロスが再び走り出してシラクスの町に入るまでの場面から，メロスを勇者として演出している表現を探す。 ③メロスがシラクスの町	●該当すると思われる本文の箇所を個人で考えさせて線を引かせる。それを立ち歩いて自由に交流させた後，着席させ，そう思った理由を含めて発表させ，全体で共有する。 ●最後の場面では，表現だけでなく，	★メロスの勇者性を演出する箇所を指摘している。思①（本文への線引き） ★設定も含め，メロス

に入って以降の場面から，メロスを勇者として演出している表現や存在を探す。	設定も含め，勇者性を演出している要素を挙げさせる。難しい場合は，補助発問をして考えられるように支援する。 ●挙がった意見から，演出の一要素として「群衆」の存在があることを確認する。	の勇者性を演出する箇所を指摘している。 思③ （ワークシートへの記述）

まとめ （10分）「群衆」に関する問いを考える。

④群衆に関する問いを考える。 ⑤次時の内容を知る。	●「群衆はなぜ刑場に集まってきたのか」のように例を挙げた上で，生徒に自由に考えさせ，どのような問いが出たか，全体で共有する。	★群衆についての疑問をもっている。 態 （ワークシートへの記述）

(3) 本時展開のポイント

①メロスの勇者性の演出を発見する

　第4時までに行った「メロスは勇者か否か」の議論も，演出を発見するヒントになる。読者がメロスを勇者だと思うのは，大きな困難を全力で乗り越えたと思うからである。何が困難を大きく見せているか。メロスが再び走り出すまでの場面では，比喩表現などの描写に注目させたい。「どうどうと」響き，「百匹の大蛇のように」荒れ狂う濁流にも負けず，「口から血が噴き出」るほど，全力疾走したように描かれている。そうした描写がない場合と比較させてみてもよい。最後の場面は設定を含めて，検討したい。「少女」は原典の「人質」（シラー）には出てこないが，彼女が緋のマントを捧げず，「群衆」がどよめきも喝采もすすり泣きもせず，セリヌンティウスがメロスを止めなくとも，メロスは勇者として見えるのか，必要であれば，ヒントとなる補助発問を投げかけ，生徒たちを発見へと導きたい。

②群衆についての疑問を考える

　一見，背景のように見える群衆だが，前述のようにその存在がなければ，最後の場面は成り立たない。しかし，あれほど王を恐れていた彼らが，なぜ刑場に集まってきたのか。メロスと王のやり取りを噂として知っていても，メロスの到着が遅れる事情も，そもそも彼が戻って来るのかどうかも，彼らには知る由のないことである。そうした疑問を教師が例として示してもいいし，ここまでの学習での気付きを，近くの生徒同士で相談させた後，指名して挙げさせてみてもいい。「8　資料」には，参考として生徒の疑問の例を掲載している。

6 本時の展開②〔第6時〕

(1) 本時の目標

●学習課題に対して，自分なりの考えをもつことができる。

●自分なりの解答をもちながら，他の人と交流する中で，異なる解答やその理由など，自分と異なる考えの存在に気付くことができる。

●「シラクスの一市民」の立場で日記を書くために，その視点に立った見方を想像することができる。

(2) 本時の指導案

学習活動	指導上の留意点	評価（方法）
導入 （15分）本時の学習の流れと，学習課題を知る。		
①学習課題を知り，それに対する答えを，個人で考える。	●課題は前時に出された疑問を生かして作成する。 ●ワークシートに個人の考えを記述させる。 ●学習課題は可能な限り，生徒自身がもった問いからつくるようにする。問いがもちにくい生徒には，以下のような課題を提案する。 「刑場に集まる人々は，メロス到着を期待していたか」 「なぜ人々は刑場に集まったのか」 「人々が叫んだのはなぜ『王様，万歳』だったのか」 など	★学習課題に対し，自分なりの考えをもてている。 **思** （ワークシートへの記述）
展開 （30分）ワークシートの内容を交流し，発表して意見を共有する。		
②学習課題に対する考えを交流する。	●交流は，学級の人間関係や雰囲気によって，4人程度のグループで行っても，第2時で触れたように自由に立ち歩いて行ってもよい。その際，自分と異なる意見と出会ったときには，なぜそう考えたのか，理由や根拠を聞き取るように促す。	★他の人の考えを聴き，自分の考えを説明しようとしている。 **態** （行動，姿勢）
③交流した結果，最終的に考えた答えを発表し，共有する。	●交流後，時間を取り，印象に残ったことを整理させる。 ●板書して整理する中で，どの課題にも，複数の異なる解釈があり得ることを確認する（人々がメロス到着に期待していたか否か，人々が王の改心を予期していたか否か，人々がメロスが許されることを予期していたか否か，など）。	★複数の解釈を理解している。 **思** （発言，ワークシートへの記述）

まとめ （5分）「シラクスの一市民」になったとしたら，作品世界がどのように見えるのか，次時に一市民の日記を書くことを想像する。

④次時の課題を知り，その内容を想像してみる。	●次時の日記を書く市民の視点を，本時の内容（板書）を改めて眺めて振り返ることで想像させる。	★一市民の立場から想像しようとしている。 **態** （表情）

(3) 本時展開のポイント

①群衆への疑問から，語りや設定を問う学習課題への展開

　群衆についての疑問を学習課題として考えさせることで，群衆の喝采と熱狂を，引いた眼で見る視点を獲得させたい。「8　資料」にも示したとおり，生徒の抱く疑問の多くは，物語の内容の水準からのものだと予想される。例えば，群衆は，なぜ約束を果たしたメロスではなく，「王様万歳」と王を讃えるのか。ここで，もしも「メロス万歳」と叫んでいたら，王の面目が立たなくなってしまい，融和に水を差してしまうだろう。また，群衆が抱えていた王への恐怖はどこへ消えてしまったのか。それは，そもそもなぜこのように書かれたのか，という意図や設定の意味を考えることにつながり，大円団を演出する語りの都合や，群衆の都合のよい変節の発見へとつながる。生徒だけで気付くことが難しい場合，生徒の疑問やそこからの気付きを教師がつなぎ，物語を俯瞰する視点へ導きたい。

②シラクスの一市民になって書く

　最後の作文課題は「シラクスの一市民になって日記を書く」こととした。この単元は「走れメロス」を批判的に読み，メロスが勇者として演出されていることを見抜き，主要人物中心の読みではない，新たな読みの枠組みを獲得させることを意図している。群衆に着目して読むことで，物語世界の登場人物や出来事が，それまでとは全く違ったものとして見えてくることだろう。それは前述したような都合のよさに気付くことにもなる。しかし，それは登場人物や語りの都合のよさを非難してほしいからではない。自分たちを「善」として，高みから一方的に非難するのでは「他人事」になってしまう。そうではなく，「自分事」として捉えさせたいと考えたため，「一市民になって日記を書く」ことを作文課題とした。

　次ページの記述例は，当初はそれほどでもなかった市民が，刑場の盛り上がりに巻き込まれてしまう様子を書いたものだが，その他に，最初から群衆に同化して盛り上がり，他の人々を巻き込む者，あるいは熱狂する群衆を最後まで冷ややかに観察する者など，いくつかのヴァリエーションが出てくることが期待できる。そこには生徒個々の個性が現れるだろう。そうした作品群を抜粋してプリントにまとめ，授業後に配付して共有・交流させたい。

7 生徒の学びの姿

(1) 問いを生み出す生徒

　今回は高校生を対象に，既習教材の再読として「走れメロス」を扱った。その際，生徒たちは私の予想を遥かに超えて，適切な問いを生み出すことができた。もちろん再読だからできた側面もあるだろうが，ここで提案しているプランでは，異なる立場からの討論を重ねることでそれが可能になるのではないかと考えている。

　問いをつくることでしか，問いをつくる力は養われない。普段から問いづくりに取り組ませることで，まずは問いをつくる経験値を上げさせたい。その上で，生徒の問いを授業の中に積極的に活用していくことを考えたい。

　また，この単元の中では，第1時と第4・5時に問いを考える機会を設けている。第1時と第5時とで，考えた問いの質や量の違いが出てくれば，問いをつくる力の実感と，自分の読みの変容や深まりとを，生徒自身が自覚しやすくなる効果も期待できるものと思われる。

(2) 群衆の立場になって書く「日記」の記述例

　○月○日。メロスという男の身代わりとして，はりつけにされる男がいると聞いた。いよいよ処刑される。私は刑場に出かけた。もうすでに人だかりができている。そのセリヌンティウスという男は，まだメロスは来ると言っているらしい。もう夕方なのに，来る気配は全くない。その男は次第に吊り上げられていく。それを見て，人々は哀れんでいる。人を信じるから，こんな目に遭うのだ。勇敢さなど，まやかしだ。

　その時だった。周囲がざわめいた。見ると，身代わりの男の足元に，しがみつく男がいる！　「メロスだ！」なんと，あの男が帰って来たのだ。しかもこのタイミングで。

　そのうち，どこからか「あっぱれ」という声がした。誰かがその声に続き「許せ」とも言った。縄が解かれた。二人は殴り合って，抱き合った。何が起こったのか，よくわからなかった。そこに，王が現れた。メロスは処刑されてしまう！　そう思ったとたん，処刑台に近い男たちが「王様万歳！」と叫んだ。すると，周囲の人々も同様に叫んだ。叫ぶ人は多くなっていく。気がつくと，私も叫んでいた。自然と涙が出て来た。

　よく知りもしないが，隣にいた男と抱き合って，そのまま酒場で酒を飲んだ。随分，興奮して何かしゃべった気がするが，もう何をしゃべったか，ほとんど覚えていない。

8 資料

(1) ワークシート例（第2時）

国語科学習プリント　　「メロスは勇者か否か」(1)

※今日の範囲は，最初〜妹の結婚式を挙げるまで

1，あなたの「本当の」立場　　　《　　勇者だ　　／　　勇者でない　》
2，指定された立場　　　　　　　《　　勇者だ　　／　　勇者でない　》
3，指定された立場を主張する根拠（本文から探そう）

4，話し合いで出た意見

勇者である	勇者でない

5，他の班から出た意見

6，今日の話し合いの感想や疑問点

(2) 群衆に関して生徒から出された問いの例（第5〜6時）

● 群衆は，何人くらいいたのか？

● 群衆はなぜあんなにセリヌンティウスの処刑場に集まっていたのか？（セリヌンティウスが殺されるのを見るため？　メロスの運命を見届けるため？　王を非難するため？　王の命令？）

● この時だけでなく，人を処刑する時には，毎回「群衆」になるほど人が集まるのか？

● 王を恐れて，静まりかえっていた群衆が，なぜ集まってきたのか？

● なぜ「王様万歳！」と王を褒め称えるのか？（普通はメロスではないか？）

● 人をたくさん殺してきた王を，なぜすぐに許して「王様万歳！」と言えるのか？

● 王に不満を抱いているなら，メロスが走る前に反乱などを起こさなかったのか？

● そもそもそんなに有名でもないメロスのことを，なぜ群衆までもが待っていたのか？

● 群衆はメロスが戻ってくると信じていたのか，無理だと思っていたのか？

● なぜ群衆は誰一人としてメロスの到着に気づかないのか？（嗄れた声でも一人くらいは気づくのではないか？）

● なぜ群衆はメロスたちが泣いているところを見て，もらい泣きしているのか？

● 群衆はメロスとセリヌンティウスの関係性や事情，王との約束を知っているように見えるが，なぜ，どの程度知っているのか？

● もしも群衆が処刑場に集まっていなかったら，どうなっていたのか？

● もしメロスが間に合っていなかったら，どうなっていたのか？（セリヌンティウス
が処刑されて，群衆は「メロスも殺せ！」と言ったのでは？）

● そもそも群衆や，少女の登場がなぜ必要なのか？

⑶ 学習の手引例（第7時）

「シラクスの一市民の日記を書く」学習の手引き

《学習課題》

今日は，みなさんに，刑場に居合わせたシラクスの市民の一人になりきって，その日の
日記を書いてもらいます。メロスが戻って来た日の夜に振り返って書いた日記です。

　書き方は自由ですが，以下の書き出し例を参考にしても構いません。

《書き出しの例》

○月○日。なんだか，なかなか寝付けないので，今日のうちに書いてしまうことにする。
メロスという男の身代わりになり，はりつけにされてしまう男がいると聞いた。いよい
よ彼がはりつけになるという。私は刑場に出かけることにした。すると……。

〈茅野 克利〉

解　説

1 国語科教育に求められる課題や期待

　社会的な環境の変化が生徒の言語生活に影響を及ぼしている。予測できない未来が待っている。こうした中で，個別の学びと協働的な学び，読書習慣の確立，語彙指導の改善・充実，メタ認知能力や批判的思考力の育成，ICT の効果的な活用，創意あるカリキュラム・マネジメント，経験の浅い教員層の増加，働き方改革による研修の機会の減少等，国語科教育に課せられる課題や期待には枚挙に暇がない。定番教材「走れメロス」の授業もその渦中に位置付くことになる。内容的，言表的な豊かさゆえ国語教師にとっては魅力的で，こんな力も付けたい，あんな力も付けたいと盛りだくさんにしたくなるが，時間は限られる。必然的に指導の重点化・焦点化が求められるわけである。

　ここに提案されたのは，こうした現状の中で日々奮闘する 6 名の実践者が，各々の問題意識と願いをもち，真摯にまた挑戦的に取り組まれた成果である。学習内容も学習方法も多様なため，下の表にはそれぞれの実践で扱った指導事項と実践の特色を簡潔に示した。

指導事項		①高木実践	②若森実践	③渡辺実践	④青柳実践	⑤松田実践	⑥茅野実践
第2学年〔知識及び技能〕	(1)エ　語彙	○	◎	○			
	(2)ア　情報と情報との関係					○	
	(3)エ　読書				◎		○
第2学年〔思考力，判断力，表現力等〕C読むこと	ア　構造と内容の把握	◎		◎			
	イ　精査・解釈		○		○		◎３年
	エ　精査・解釈					◎	
	オ　考えの形成／共有				◎		
実践の特色等		人物像をまとめる。音読や朗読で味わう。	語句・語彙に着目して主題を解釈する。	ICTを活用して協働で鑑賞スライドを作成する。	読書カードを作成する。他の作品に読書を広げる。	素材作品と比べて読む。気付きを傍らに書き込む。	第3学年（弾力的な指導）批判的に読む。討論する。日記を書く。
全授業時数（時間）		7	6	6	6	9	7

2 6本の実践の特色

⑴ 高木実践～メロスの人物像を解釈し，その表現を味わう授業～

　「走れメロス」に登場人物はみな個性的で印象に残る。その中で，特に初読の段階では
メロスに着目（尊敬対象としても非難対象としても）して読むのが一般的であろう。本実
践ではこうした興味に沿って，初発の感想から一貫して「メロス」像を追っている。「正
義の勇者」だという優等生的解釈に対して，「無責任で自己中心的な奴だ」と素直な非難
を取り上げて揺さぶりをかけながら，各場面のメロスの言動の意味を，叙述から丁寧に読
ませたと言う。そして，その都度「メロス」に対する考えを他者と交流し，多様な考えに
触れながら最後には個に戻り，考えを書きまとめるようにしている。最終的な方向性とし
ては「人間の弱さを克服していくメロス」像に収束していきつつも，話の展開に応じて自
身の「メロス」像が変わっていくことを自覚させている。また，授業には積極的に音読を
取り入れたり，終末にはメロスの人物描写として見事だと思う部分を朗読で表現させたり
して，音声でも本作品の魅力を味わわせている。

⑵ 若森実践～語彙に着目して読むことで読む力と語彙力を高める授業～

　文章中の語句を関連付けながら作品中の語句を語彙として捉えることで，読みはより確
かに，より豊かになることに気付かせていく実践である。単元の流れとしては仮説検証型
である。これまで学習してきた読み方で，あらすじを捉え，人物の変容を踏まえて作品の
主題について一定に考えをもつ。これを仮説とする。その後，語彙の概念を学び「信じる」
と「疑う」の語彙を基にして主題（仮説）を再検討する。その過程で，語彙に着目する読
みの有用性を実感した生徒は，別の語彙（色彩語や人称語など）に着目して作品を読み直
し，それまでは見えていなかった内容が読めるようになっている。本単元でこのような学
習経験をした生徒は，ほかの教材文を読むときや読書生活においても語彙的な発想を活用
することが期待できる。つまり，読むことにおける語彙指導を通して，読む力の向上とと
もに語彙への関心を高めたり価値を実感させたりすることができたといえるだろう。

⑶ 渡辺実践～ICTを有効活用した協働による文学鑑賞の授業～

　個々の学びと協働的な学びのために有効活用したいのがICTである。本実践では様々
なデジタルツールの特性を熟知する実践者が，「走れメロス」の魅力を豊かに鑑賞させる
というねらいの下，学習プロセスのどの場面で，どのツールを，どのように使わせて，力
を付けていくかを具体的に提案する。従来の模造紙作成では，まず話し合い，分担して大
判に作成するところを，同一スライドを共同編集したり，チャットを使った文字での交流
をしたりしながら，鑑賞を深めている。また，本文の叙述や他者の考えをコピー＆ペース
トすることで「引用」（第2学年の言語活動例）にも億劫がらずに取り組めるため，叙述
に基づいた根拠のある読みが期待できる。個人の端末を使えばスライドの視認性も高い。
必要ならば書き込みも可能である。更に，教師は，リアルタイムで実態把握，形成的評価
をしながら適切に個人やグループに介入し指導を加えている。記録機能を使ったルーブリ

ック評価ではその妥当性も高くなる。一人一台端末をあくまでもツールとしつつ，確かな国語の力が身に付く充実した学びを実現するヒントが詰まった実践である。

⑷ 青柳実践〜考え方や生き方をテーマに近代文学の読書へと誘う授業〜

　読みの力は読まないと高まらない。できれば普段なじみの薄い近代名作にも手を伸ばしてほしい。国語教師の誰もが抱いている願いである。本実践では，「走れメロス」における「主人公」と「印象に残る表現」を切り口にし，多様な視点から味わう読み方を学び，作品に向かう自分の在りようを意識しながら読書の楽しみや意義を実感させることによって，自立的な読書に歩み出せるように仕掛けられている。その上で，関連付けて読むにふさわしい作品が教師の目で厳選され複数提示されており，生徒が今後自身の読書生活を豊かにする道筋を付けていけるように工夫されている。なお，本単元は，本作品の内容的な特性を生かして，「読書を『自分づくり』に役立てよう」という大きな枠組みとして連結した三つの単元の一つとして位置付けられている。こうした年間の指導計画と見通しをもった大胆なカリキュラム・マネジメントによって，単元と単元との間の生徒の意識を有機的につなげ，確かな力を育む効果的指導を実現させている。

⑸ 松田実践〜作品素材との比べ読みを通して設定の効果を読み解く授業〜

　先行研究によると教材「走れメロス」は教科書に採録された当初より，「『古い伝説』とを比べさせ，作品や文学の特性を読み取らせる」[1)]ことを意図されていたという。そういう意味では本教材の原点回帰といえる実践である。作品素材である「人質」（シラー）との比較読みの実践報告は数多くあるが，その中でも本実践は「付加」部分よりも「変更」部分，中でも設定の変更（フィロストラトスの人物設定と最終場面の王の居場所設定）を中心に扱っているのが特色である。2作品の叙述を比較して何がどう変更されたのかを明らかにした上で，設定の違いによる解釈の違いにどのような影響を与えるのか読み解いている。詩と小説という形式の相違は踏まえねばならないが，原典からの変更点を扱うことで，必然的に生徒はそれぞれの作者の存在を意識し，自ずとその意図への気付きも生まれる。虚構としての文学では作者による設定如何によって読者の読みを大きく左右することの理解にもなる。こうした学習は，作品だけではなく作者を入口とした読書への誘いとしても，批評的に読む力の基盤形成としても期待できるだろう。

⑹ 茅野実践〜文学を批評する目をもった豊かな読み手を育てる授業〜

　従来の「メロス」を勇者とする「読まされ方」に対する生徒側からのアンチテーゼを単元化した挑戦的な実践である。ただ非難するというわけではない。「メロスは本当に勇者なのか」と疑い，検討し，その上で，「メロスを勇者として演出させているもの（印象付けるもの）は何か」と，読者としての自分を対象化し，メタ的に「読まされ方」の枠組みを分析させている。メロスを勇者と思わせる仕掛けとして機能している一つが刑場にいる「群衆」であり，この言動に対して疑問をもたせている。ただ，実践者は，生徒には読者の立場を使い「他人事」として群衆の非難をするのみで終わらせたくないという思いから，一市民になって日記を書かせるという言語活動を取り入れている。後日談によると，「そ

もそもこの群衆は何をしにここに集まってきたのだろう」と実践者が一読者としてふと浮かんだ疑問に端を発する実践だと言う。素材的研究の重要性を改めて認識させられる。こうした作品の「空所」への着目，批評的な読みは，今後，生徒に取り組ませていきたいところだが，それにはまず教師自身にその力が要りそうである。

３ 事前・事中・事後の教材研究（素材的研究と指導的教材研究）

　６本の実践は，扱う場面や叙述，学習目標や言語活動の設定が実に様々でバラエティに富んでいる。読む対象も，話の展開，場面構成，登場人物の心情と変化，人物像，人物の相関関係，作者の意図，表現の巧みさ，主題等，多様である。そして，感想をもつ，批評する，鑑賞するなど，読者としての考えの形成につながっている。

　特に「走れメロス」は先行研究や先行実践が多く，あれもこれも生徒に投げてみたくなるが，混乱を招くだけである。事前の徹底的な教材研究を通して判断したい。まずは，一読者としての素材的研究である。素直に味わうとともに多様な観点で分析を試みたい。その際，表現方法に着目し，一部でも音読や視写で味わってみることをおすすめする。次に，教師としての指導的教材研究である。ここには，学習者研究（付いている力，付けたい力，反応予想等，一人一人の視点から捉えてみる）と言語活動研究（取り組ませる学習課題や言語活動の適性を検討する）が含まれる。指導的教材研究において最も確かなのは，教師が生徒になって，考えられる課題解決や言語活動に取り組んでみることである。その過程で，やりがい，つまずき，必要な支援，着目させる叙述等見通すことができる。同時に，達成させたいB規準やその方法を具体化できるため，誰一人取りこぼさない指導につながる。

　なお，教材研究は事前だけではなく，事中や事後にも行いたい[2]。とりわけ「走れメロス」は，授業をするたびに発見がある教材である。実際に生徒の読みを基に，その解釈はあり得るのか，それはどの叙述が導いたのかなど，教材再研究を深められる。それを生徒の反応と合わせて記録しておくと，次回の，あるいは他者の実践に役立つ。経験年数によらず授業を潜り抜けた教材再研究を持ち寄り，協働で検討し合えるのも本作品の強みである。これを繰り返すたびに「走れメロス」の授業に自信がつき楽しみにさえなるだろう。それはまた，生徒に力を付ける魅力ある授業に必ずやつながる。

1）佐野幹（2018）「教材『走れメロス』の生成過程」『読書科学』60巻2号，pp.115-126
2）教材再研究については，国語教育実践理論研究会（2011）『新提案　教材再研究―循環し発展する教材研究　子どもの読み・子どもの学びから始めよう―』東洋館出版社に詳しい。

〈萩中 奈穂美〉

■ 執筆者紹介

編著者

萩中奈穂美（はぎなか・なおみ）

福井大学教育学部准教授
1968 年生まれ。富山大学卒業，同大学院修了（修士）。富山県公立小学校教諭，富山大学人間発達科学部附属中学校教諭を経て，現職
学習指導要領等の改善に係る検討に必要な専門的作業等協力者（中学校国語科）
著書に，『「説明表現能力」育成のための学習指導論』（溪水社，2017 年），『小学校国語科教育法』（共著，建帛社，2018 年），『「感性的思考」と「論理的思考」を生かした「ことばを磨き考え合う」授業づくり』（分担執筆，明治図書出版，2020 年）等

執筆者（執筆順。所属等は令和 3 年 5 月現在）

幾田　伸司	鳴門教育大学大学院学校教育研究科教授
萩中奈穂美	上掲
高木佐和子	富山県 富山市立速星中学校教諭
若森　達哉	奈良教育大学附属中学校教諭
渡辺　光輝	お茶の水女子大学附属中学校教諭
青柳　孝志	神奈川県 横浜市立下瀬谷中学校教諭
松田　明大	富山大学人間発達科学部附属中学校教諭
茅野　克利	徳島県立脇町高等学校教諭

対話的な学びで一人一人を育てる中学校国語授業 2
「走れメロス」の授業

2021（令和3）年7月15日　初版第1刷発行

編著者　萩中　奈穂美
発行者　錦織　圭之介
発行所　株式会社東洋館出版社
　　　　〒113-0021
　　　　東京都文京区本駒込5丁目16番7号
　　　　営業部　電話03-3823-9206　FAX03-3823-9208
　　　　編集部　電話03-3823-9207　FAX03-3823-9209
　　　　振　替　00180-7-96823
　　　　ＵＲＬ　https://www.toyokan.co.jp

[印刷・製本] 岩岡印刷株式会社
[装丁・本文デザイン] 中濱　健治

ISBN978-4-491-04517-7　　　　　　　Printed in Japan